307

2023.4

那些努力的事，就該成為故事

52封療癒信，寫給還沒下班的你

林育聖 著

推薦文

溫暖的人間清醒

林怡辰／國小教師、教育部閱讀推手

只要讀字或寫字的人，都應該來讀讀育聖老師的書。

不管是《每天來點負能量》的痛擊心靈還帶有微酸尾韻，《聽說你在創業》的老闆讀無不涕泣，到「文案的美」的電子報，每週一期待的一封信。那些文字，在眾多書籍信件裡，自成一格，不管在哪都認得出育聖老師的風格，溫暖且人間清醒。

說起育聖老師，真的是文字界的翹楚，光就文字就可以閃閃發亮，每天量產近萬字的產量，更重要的是在那些文字背後精準表述，不管是灰暗幽微之處，他的靈光都曾經到達，然後一個個字地照亮，撫慰，攤平，展示在你面前。

理解，是寫作者的責任。所以讀育聖老師的文字，清楚、明瞭，甚至會突然驚覺，他怎麼把你心裡的話都說出來了。他說他的故事，卻是用你想聽的角度，不管立場為何，跟著他的字走過一番，似乎已經滄海桑田。讀畢，你也已有定見。

每週一封長信，從二〇二〇年開始，長達數年，品質穩定，就是專業。文字創造的內在價值解決你的問題，說出你的情緒，照見未來的路。

我訂閱電子報已久，每週一收到「嗨嗨」開頭的親切問句，開啟一個主題的思考，然後就覺得覺知、清醒。不管是工作心情，還是社群行銷、文案寫作。談委屈，當我們讀懂別人的委屈，就會發現自己擁有許多，而成為溫暖的人，自己的委屈就會愈來愈少；談慌亂，慌亂時才能看見自己，再和慌亂背後的恐懼對話，了解真實的自己，也只有慌亂可以知道哪一雙手可以緊握，如此，慌亂將不再可怕；談生氣，情緒有想要傳達、想要推進的，讓生氣變成助力和力氣……那些每個人都曾經有的困難、疑問和低落，文字轉成繞指柔，被接住後轉念成光亮燭光，又可以重新出發。

不管哪個職場，都是修行，修自己的心和念。那麼，就用《那些努力的事，就該成為故事》在心裡掀一陣春風，降一場潤雨。在職場戰場中，接住自己，再出發吧！

推薦文

如果世界使你焦慮，就讓這本書為你療癒

張忘形／溝通表達培訓師

不知道你有沒有經歷過覺得疲憊、有些失去動力，甚至產生厭世想法的時候？當你和身邊的人訴說時，大家都是怎麼回應的呢？

好一點的，會給我一些拍拍。而我最害怕的，其實是對方向我說加油。因為當我聽到加油時，好像我得更努力、更積極。但我知道我其實已經用盡心力了，哪怕是再多一點點，都會讓我覺得極限。

而當你面對極限的時候，你又會怎麼做呢？

我記得我在念高中的時候，雖然有通訊軟體，但因為手機不像現在一樣

發達，有些朋友會透過 E-mail 互動。當時，我有個幾個「筆友」——可能你覺得這個詞彙非常陌生——他們是我在論壇上遇到的朋友。因為沒有利害關係，我們會分享一些近況、感觸，或是一些生活的瑣事。

只要看到朋友寄來的未讀信件，我都充滿著深深的期待。因為每次拆開信，我都能夠感受到有人在乎我，並且給予我溫暖的話語——這正是阿聖老師文字內的那份溫度。

我平常在教溝通的時候，常說其實溝通最重要的就是促成理解。這句話聽起來很厲害，說起來也很讚，但其實做到，真的是非常困難。

而如果你翻開這本書，我想你會和我一樣，發現原來真的有人懂那份脆弱與焦慮。例如我看到「沒有熱情是正常的」，真的忽然一陣悸動。

在我寫這篇文章之前，已經講了七年多的課。剛開始講課的時候，我每天都衝勁滿滿，有各種各樣的想法。但大概在第三年之後，我忽然感覺到那份衝勁不見了，取而代之的是更多的壓力。

直到看完阿聖老師說的話，我豁然開朗了。

「靠熱情堅持的人，最後都失望地放棄了。因專業一直做下去的，才能得到眾人的敬重。」

對啊，一開始我是靠熱情講課，但我後來發現除了熱情，還要對得起每一個願意來學習的人。因此我開始進修，開始不停地調整，這時候我對自己的要求變高了，這是好事啊。

除了這份啟發外，我更有感的是在每一封信中，阿聖老師都不是想要改變誰，而是從你正在做的事情中，看出一個「好」來。

就像熱情沒了，但專業才能維持；又或是裡面有一封信說到「過去是為了讓我們浪費才存在的」，我看完也是連連點頭。

有時放假或是發懶，會忽然什麼事都沒做。等到時間過了，我就開始責備自己，怎麼又浪費了幾天，甚至會覺得今年與去年比，好像沒什麼進步。

如果你曾和我有一樣的想法，真心推薦你翻到第二十六封信件，中間的故事容我賣個關子，但最打中我的，就是「光是成功地再活過一年，就是賺到了」。

對啊，想想我還滿健康的，雖然廢，但又與家人去了幾個地方，多了一點點教學的經驗。可能錢沒有賺得很多，然而比起很多受疫情影響的人們，至少我還活得很開心。

就是這樣的溫暖和同理，讓我在看這本書時感到被理解，以及被接受。

當你發現這個世界都嘗試讓你更焦慮的時候，也讓這本書帶給你療癒吧！

推薦文

每個職場工作者，心裡都需要一個出口

趙胤丞／知名企業講師

在這激烈競爭氣息瀰漫的時代，心事重重、壓力山大加重了我們對日常生活的倦怠。自己經常疲於奔命應付他人的冷眼對待，卻忘了要對自己溫暖擁戴，而《那些努力的事，就該成為故事》用不同方式幫助職場工作者掙脫內心綑綁的種種標籤膠帶。

育聖老師好像知道我們曾偷偷向他「告解」，雖然實情是他對人生有獨到見解（他看到這句話可能覺得我們之間有不少誤解，哈），然後在旁與我們對話，引領我們避免情緒浩劫。言簡意賅又深刻的共鳴總會在不同章節出現，透過這些信件指引我們在人生課題、職場困境中梳理癥結，至少得以從容面對，迎刃而解。

育聖老師以極細膩的筆觸，淡淡地描寫我們內心鮮為人知的傷心處，讀來總會有很深的共鳴感觸。他對人性的深刻洞察，幫助我們將職場迷惘重新檢查；他提供寶貴建議，避免我們被諸多意外找碴，還讓我們更能從容淡定地喝珍珠奶茶。雖然環境折磨有時令人無言，但仍可以暢快飆唱《你是我的眼》。育聖老師運用許多生動故事闡述他的觀點，讓我們不同角度來看日常生活的柴米油鹽。

若說育聖老師的《聽說你在創業》是寫給創業家的心路歷程，新作《那些努力的事，就該成為故事》就是訴說著職場工作者內心的圍城（城裡的人想逃出來，城外的人想衝進去）。每人心中的圍城不能與他人攪和，我們需學習如何在這樣的情況下安頓自我、自在生活。

書籍一路拜讀至終，陪伴感一如初衷，令人感佩在心中。這本書不僅內容精緻多元又豐富，讀來宛如《解憂雜貨店》浪矢老闆對來信者的美好期盼託付，內容真實感人卻又不炫富。誠摯推薦閱讀，排解生活中的不舒服。

推薦文

我心目中的「療癒系」作家

劉俊佑／生鮮時書創辦人

我認為能被稱為「療癒系」的作家，肯定是個先天下之憂而憂的人，他必須先理解大家的憂慮才能寫出解答，進而療癒。這不只需要許多失眠的夜晚，還需要強大的「共感能力」。

共感能力強的人，除了能重現自己的經歷，還能對別人發生的事感同身受，將情緒轉化成讓人有共鳴的文字。

當代社會，能產出讓人有共鳴的文字，就能獲得很多讚、很多訂閱，也能收穫很多人的心，而這也是《那些努力的事，就該成為故事》的作者，林育聖最擅長的能力。

某天會議中，育聖跟我說他最近要出書，後來同事也告知我，出版社邀請我為這本書寫篇推薦文，我二話不說就答應，不僅是因為我上過育聖的文案課，接下來也要一起合作線上課，而是一個更簡單的理由：我是他的忠實讀者。

我雖然是公司創辦人，但別以為老闆就比員工愛上班，當公司經營遭逢難關，我一邊忙著接住大家的負面情緒，一邊拆解出包的炸彈。久了，我也會失去工作的信心，早上不想起床上班。

當生活失控，本週星座運勢只有一顆星，我有時會在社群中被育聖的文字治癒。

他告訴我，沒有盡頭的努力，當然會帶來疲倦感；對生活失去熱情很正常，一直充滿熱情才有病。當我對自己感到失望，覺得自己是否不夠熱愛工作時，這些文字總能說中我的心事，讓我一邊滑手機一邊點頭。

而在讓人產生共鳴的內容之外，他的文章還會突然閃現真知灼見。

他說：「靠熱情堅持的人，最後都失望地放棄了。因專業一直做下去的，才能得到眾人的敬重。」

讀完文章後，我的心好像在手術台上被醫生強力電擊，靈魂回到體內，又可以繼續活下去了，誰叫我是專業的人呢。

整本書的內容堪稱「文章奇行種」。不僅將文字寫進你心裡，又將特別的想法灌進你大腦，一邊給你療癒的力量，一邊給你新鮮的刺激。

編劇圈有個好劇本的守則，叫「情理之中，意料之外」。育聖對文字的掌控能力，就有這種魔力。

寫文章的人常犯一種錯誤，總想透過文字讓自己看起來很聰明，喋喋不休地對讀者說教。但我認為一篇能讓人產生共鳴的文章，第一時間就會把文章的角度從讀者的對立面，拉到讀者的身旁。此時文章讀起來，讀者會覺得自己的心情有人抒發，狀況有人理解。在被療癒的過程中能有所學習，而且能產生行動。

而一本告訴你「那些努力的事，就該成為故事」的書，就應該有這樣的療效。

推薦文

你的回憶水晶球，也許還缺了一色

歐陽立中／Podcast「Life 不下課」主持人

這世界老告訴我們要堅強。小時候跌倒了，哭聲不止，換來長輩一句：「男孩子要堅強，別動不動就哭。」

學生時代，覺得自己念書已經用盡全力了，但師長總能搬出那些學霸廢寢忘食的求學勵志故事，來證明我們還不夠堅強。

好不容易熬出學校，進入職場，夢想還沒來得及實現，倒先被現實給嚇到了。資深老鳥說：「合理的要求是訓練，不合理的要求當磨練。」

有沒有人可以告訴我們，我們得堅強到什麼程度，才配得上讓這世界溫柔以對？再堅硬的石頭，也禁不起海浪長此以往的拍擊，更何況我們的心，是肉做的。

直到讀了育聖《那些努力的事，就該成為故事》，我們才終於可以摘下面具，卸下盔甲，用最舒服的姿態，沐浴在溫暖和煦的陽光下。因為育聖的文字沒把我們當理當堅強的石頭，而是把我們當人，活生生的人，有快樂、有憂傷、想堅持、也想過放棄的人。

記得以前看動畫《腦筋急轉彎》（*Inside Out*），電影裡把人的情緒給擬人化，快樂名叫「樂樂」，悲傷名叫「憂憂」。看見憂憂動不動伸手碰回憶水晶球，把記憶抹上一層悲傷，嚇得樂樂連忙阻止，那時總覺得這憂憂真是愛搞事。直到電影最後告訴我們，快樂和悲傷暈染的水晶球才是最動人的回憶。那一刻才明白，一味用快樂和熱血武裝的人生，其實只是對悲傷和消極的手足無措。

育聖的文字就像畫筆，如果你的回憶水晶球鮮豔到失了真，他會為你抹上一點淡淡的藍，告訴你：「大多數的期待，總是會壞事。」不是唱衰你，而是讓你在被迫迎合世道的委屈之下，還能保有一絲自我；當然，如果你的回憶水晶球黯淡到失了色，他也會為你染一點暖暖的黃，告訴你：「快有極限，久卻沒有。」「偷偷努力的心情很有趣，也很快樂。」「只要還在跑，就沒有輸。你一直在贏。」不是催眠你，而是讓你在絕望低谷的失落之際，還能保有一線希望。

有句話說：「沒有人不辛苦，只是有人不喊疼。」以前我認同這句話，讀完這本書，我變了。人生不要強裝堅強，辛苦就說，疼痛就喊，願我們可以仰天長笑，也可以熱淚盈眶。

前言

想寫一封讓你期待收到的信

嗨嗨，你收過信嗎？

我指的不是帳單、廣告ＤＭ、業務往來，或錄取通知之類的制式信件。而是一封為你而寫、真正專屬於你的信。

可能是情書，可能是家書，更可能只是一個遠方朋友寄給你的問候。

很少了，因為發訊息變得容易，寫訊息也簡單多了。寫一封信，就顯得麻煩而費工。

因此，信很珍貴。

會讓人感到珍貴的事，就值得好好做下去。

二〇二〇年二月二十七日，我發出第一封電子信。

每個禮拜一封，固定在禮拜一早上九點左右發出，除了幾次的人生意外與長假，不曾無故間斷。

與遠方的人成為信友，是一種老派的浪漫，而每週寫信給一萬個人，則是一種寫作上的挑戰。

一開始，信件是以我的工作領域為主，談些廣告、文案、行銷等，但我不想寫「乾貨文」，想要多一點生活與故事，所以口吻像是對朋友說話——只對你說，只寫給你看。秉持著這樣的精神，寫下每一封信。

信寫久了，我的生活有些持續的變化，歷經生日、父親過世、公司變革等，信的主題、風格有了改變，更多的日常體悟，更少的知識說教。

收信者也有了變化，過往常常是一些知識內容才有比較多人回信，後來連生活故事也有人回信，還有許多信友與我分享他們的餐點、風景、貓貓狗狗與旅行的意義。

寫到第二年、第三年，開始有「老信友」與我分享他們的生活變化，從單身到談戀愛、從戀愛到分手、從工作到創業……信陪伴他們走過許多高潮低谷，給了他們很多力量，甚至會在夜深時想翻翻過去的某封信，再給自己一次感動。

這些信不再只是數位載體發出的廣告，而是一封封由生活中某個遠方朋友捎來的訊息。

會讓人期待，也會讓人記在心裡的信，那是信件曾經的意義，也是寫信的目的。

我想找回一點收信的樂趣。那是我們過往曾有的等待，也是看見內容之後，能感受到的愛。

在這本書中，總共有五十二封信，包含了鼓勵的信、提醒的信、出點子的信與陪伴的信，是我與你分享的日常。

你可以在一天的早晨讀其中一封信，感受信中的力量，為你開啟一天的活力。也可以在夜晚入睡前讀完一封，讓信中的溫暖，伴你好夢。

我想做個老派的人，在一個訊息每天飛的時代，收藏一些信友，讓每天多點期待。

感謝你還願意收信。
也感謝你，願意繼續當一個老派的人。

林育聖

目次

PART

2 叮咚！提醒人生待辦──寫給跑不停的你

PART 3 非廣告的宣傳信——寫給不被看見的你

PART 4 被信件滋養的日子——你會成為更好的你

PART

1

你的信不是你期待的信
——寫給在低谷的你

患難不一定見真情。

但有難，

你才會知道哪一雙手可以緊握。

Letter
01
「你拚命努力的樣子好醜。」

嗨嗨，你今天看過鏡中的自己嗎？

今天照鏡子時，忽然想起高中時期的自己。

我高中時成績很好，高三基本上是前三名。我很認真讀書，真的。

當時有個同學，看到我連下課也在背單字，中午吃飯都在念國文（事實上讀國文對我是放鬆），他走過來，冷不防地說了一句話。

「你拚命努力的樣子好醜。」

然後他就走掉了。

我恍神了一下，才反應過來。不知道他什麼意思，但我肯定，那不是什麼讚美。

多年後，我想起這段往事，渾身不對勁。

不知道從什麼時候開始，很拚命的人變得很好笑、很狼狽、很難看。

我們會得意地晒著自己很廢的生活，卻不好意思說自己多拚命地準備。

我們假裝不在乎成果，說服自己過程盡力就好，卻躲起來為結果哭泣，連流眼淚都覺得羞恥。

我們毫不在意地說著各種「算了」，而不願意去做一些事，來讓事情不只是算了。

剛退伍時，我因之前已考過導遊資格，而去上導遊訓練，結訓後就可以拿到執照。

開訓那天，下著暴雨。我沒有帶傘，進了東海的校園，一個人在大雨中走著。

當時我心想：「天啊！第一天就這麼狼狽，新同學看到這人全身溼，一定覺得很奇怪吧！我要不要現在就轉身離開呢？

「不要去了吧，第一天不去不會怎樣吧？

「但都走到這裡了，如果我連這關都走不過去，以後怎麼當導遊呢？」

在雨中走了十分鐘，連內褲都溼了，終於走到會場，坐了下來。

那一天，我被選為該屆的副團長，只是隨機挑選而已，但我把那個職位做得很完整。

後來我沒當導遊，但我記得我拚命努力的樣子。

我好醜，但我做到了。

對於總是保持優雅、泰若自然、覺得人生何必那麼累的人來說，大概不曾把自己弄得很醜吧！

不曾在一場活動中，把自己弄到聲嘶力竭，雙腳走到起水泡，還讓汗乾了又溼、溼了又乾吧！

不曾為了在七天內寫完十萬字小說，而拚命熬夜，打字打到手腕破皮，小指無法彎曲吧！

那樣的人可能永遠不會懂，為了一個目標，拚命燃燒自己，拋下一切堅持與自尊，趴在地上也要前進的感覺吧！

我曾為了挽回一個夥伴，說出：「我要做什麼，你才願意留下來？」不甘地拉著對方的衣角，一路走到公司門口，不願放開，差一點就要被報警抓走了。

我曾為了一場簡報，不論吃飯還是洗澡，都在練習，在家裡不穿衣服也要演練，自顧自地講了超過上百次。

很醜很醜，但我顧不得美醜了。

我只想著——我不要遺憾，我不要後悔，我不要算了。

我不要假裝很優雅，也不要假裝很從容。

拚命的人，從來就不好看。

因為拚命的時候，沒時間管別人怎麼看。

我們不是為好看才拚命的，也不是為了別人看才假裝拚命的。

我們是為了在未來的某一天，回頭看自己時，能看得起自己。

看得起有拚命過的自己。

Letter

02

我們總會對世界失望的

嗨嗨，你曾失望過嗎？

學生時期，我聽過一句話：「長大是開始失望的過程。」

當時聽到，滿不以為是的。因為我小時候很少對什麼事失望，父母很少承諾我什麼，每次特別買東西給我，都可以讓我開心半天。

念書時，我也很少期待朋友對我做些什麼，甚至有點害怕驚喜的生日。我不太喜歡這種意外，但心裡還是開心的。

再長大一點，我也不太會要求情人為我做些什麼。偶有失望時，大概是對方有買便當給我吃，結果居然不是我最愛的雞腿便當吧！
後來創業後，才真的有失望的感覺，也才有一種「啊，我在長大啊」的體悟。
可能對於創業有太多的期待與想像了，初期我失望許多。例如覺得自己做的事很重要、很有意義，但對於市場來說，其實很普通。
又或者認為自己是很特別的老闆，後來才發覺，自己也只是個普通、為生存而掙扎的老闆。
慢慢的，我逐漸明白，其實別人根本沒變過，世界也沒什麼改變。純粹是我的期待改變了。
我遇過許多行銷夥伴向我分享：「我們老闆對案子／活動／表現／我的工作期待很高，讓我覺得壓力很大。」
有時候，我們會覺得期待是好事，畢竟比起沒人期待，讓人寄予厚望總是好的。
但大多數的期待，總是會壞事。
我們做到老闆、客戶、同事、家人、情人的期待，是應該的表現；但我們沒滿足誰的期待，則是更多失望的責難。

可是，那些期待並不在我們的承諾之中啊！可能從一開始，我們就不知道這個期待的存在，是被默默賦予的。例如情人節怎麼沒有大餐、給客戶的提案怎麼沒有三十頁、怎麼還沒有結婚生小孩……這些別人心中的期待，正是我們對自己失望的原因。

也因此，世界總是不美好。

長大是減少了期待、多了認識真實的過程。

我一直不喜歡人們營造的校園氛圍，總給人過於美好的想像，教導著人們都做不到的標準，讓每一位出社會的學子都對社會感到失望。也不喜歡一些商業行為營造的假象，說著良心回饋、自己沒賺錢，假裝賠本或純粹公益等，讓每一位消費者都對商業廣告感到失望。

明白說出需求，才是我認為的成熟與長大。這也是我現在很少再感到失望的原因。

當我說出需求後，如果對方有做到，我會覺得滿足；如果沒做到，我會了解原因。但不會悄悄在心中浮起無謂的期待，然後默默躲到角落，失望地哭泣。

這樣，驚喜才有價值，多做才有意義。

沒有人可以為別人的期待負責，我們只能盡力去做到自己的承諾。

我們永遠可以對自己的承諾負責，但不需要去滿足那些沒承諾過或不知哪來的社會價值觀。那不是我的責任，也不是我們的人生該負的責任。

所謂的做自己，就是不用再去為別人的期待負責。

而長大，就是愈來愈像自己的過程。

你今天像自己了嗎？

Letter

03 依靠熱情的人，最後都放棄了

嗨嗨，最近工作會不會有點累了呢？

我們都常有莫名的疲倦感，來自於每天重複的生活。

讓我印象最深的疲倦感，是高三要準備考試的過程，一開始拚勁十足，目標前三志願。隨著時間一直在倒數，卻有一種永遠到不了盡頭的感覺。

讀的書愈多，考的分數愈高，愈不懂人生到底在做什麼。

記得考完的那一天，我走出考場，覺得太陽好大啊，為什麼以前都沒看見呢？

在那一刻，好像我的人生才剛開始。

我們累，大多不是因為真的做了很多事，而是因為不知道為什麼要做。不知為何努力的累，才是真的累。

在不同的場合，都有人這樣問過我：「對於寫作立業，有失去熱情的時候嗎？」

我心裡只想，沒有熱情是正常的，一直有熱情才可能有病。

難道沒有熱情，就要放棄了嗎？當然不是，熱情只是一開始的契機，不是維持的原因。

再有熱情的人，也可能在某一天，把熱情花完了，但生活還是要繼續，工作還是要繼續，只是不再依靠熱情走下去了。

要將寫作當成專業，就不能說自己沒靈感寫不出來，也不能說自己失去熱情而不想寫。那不過是將這件事當作業餘玩樂而已。

工作該專業，專業才工作。

我被退稿時會心情不好，但仍會仔細詢問原因、分析狀況，然後做出修改，而不是拍打鍵盤大罵，或是上臉書罵人。

我寫不出來時，會翻閱自己的資料庫，運用架構與句型去寫出適合的句子，而不是想要包袱一揹，逃出辦公空間，關手機拖稿。

我覺得累，依然得寫出這個禮拜該出的內容，回覆客戶與學員訊息，做好該做的事。

這是專業告訴我該這麼做，無關熱情。改稿這件事很消耗熱情，卻是專業該做的事。

我們一定希望別人工作時充滿熱情，但我們更該希望對方專業，才不會在去餐廳時，擔心遇到一個失去熱情的廚師所端出的菜色。

我們也應該是有熱情的選擇，然後專業地做好，保持自己的品質，這樣才會受人尊重。

會累是正常的，生活本就很累；覺得沒有熱情也是正常的，打擊總是消磨人心。但我們是專業的，我們是心再累都會微笑的專業人士，所以會一直做下去，會一直做好。

很多事一開始都只是些微的熱情、一點趣味、一點好玩與好奇，最後卻成為了我們的專業，成為我們影響別人的成就。

開始做這些事的你，不需多偉大的理由，也不用什麼使命般的開端，只要思考自己要成為什麼樣的專業角色。這並不容易，卻值得努力。

我們應該向專業學習，而不是擔心對方的熱情什麼時候會消失。

我們應該讓自己專業，而不是不斷尋找自己的熱情。

靠熱情堅持的人，最後都失望地放棄了。

因專業一直做下去的，才能得到眾人的敬重。

Letter

04 看不見的時候，才是該認真的時候

嗨嗨，你放假時會工作嗎？

自從創業後，假日對我而言，就不是假日，而是我的專心工作日。

一開始，白露（為你說明一下，白露是我太太。她有自己的名字，因此我不稱「我太太」，而是稱呼她的名字）常會問我：「都自己創業了，何必假日還跑去公司呢？」

我多半會說「因為工作做不完」。平日要管理庶務，常常被打斷，很難有連續一小時以上的專注時間。因此只有假日才有空寫自己的案件，琢磨自

己的作品。

而還有一部分沒說的原因，是我享受假日時「偷偷努力」的感覺。就是那種明明有讀書的學生，卻說自己沒讀書的偷偷努力。

你的學生時期，也有遇過躲起來用功的同學吧？

但出社會後，大家反而不太喜歡偷偷努力了。認為如果老闆沒看見，我的努力不就白費了？或覺得即使偷偷努力，最後老闆不喜歡成果，還不是沒用？不如明著認真，就算最後結果不好，反正他有看見我認真的樣子。

這很有道理，但我仍然喜歡在工作上，有偷偷努力的感覺。

趁下班後練簡報，手舞足蹈。正式發表時，大家稱讚說得真好，其實我練了三個晚上呢！

趁假日時寫文章，又寫又修，等大家上班時發表。大家一看，覺得我真是文思泉湧，其實我寫了好久。

趁沒人時練習發聲，咿咿啞啞的，嘴張很大，表情很猙獰。直到某新同事說我的聲音滿好聽，其實我一直在練喔！

當偷偷努力的小心機被發現時，心裡會產生一種得意感，覺得「真是做對了」！

就算沒被看見也沒關係，反正最後的成果比別人好，那也是一種肯定。

我不是每次上健身房會拍照打卡的人，直到某一天有人說：「咦，你最近好像有瘦？」我才得意地說：「噢！我健身兩個月了。」

因為如果上了兩個月健身房卻沒瘦，甚至被說：「你不是有去健身房，怎麼好像反而胖了？」那我會覺得很丟臉，不如別說。

偷偷努力的心情很有趣，也很快樂，比起總是昭告天下自己多麼拚死拚活，我更想要讓別人感覺到我活得很有餘裕。

心裡再急，行走也要自在；事情再急，手腳也要從容。

我私底下的偷偷努力，並不是要讓別人覺得我很厲害，或是想要被誇為天才——不需要努力就有好成果那種。

而是不管有沒有人看見，這件事都該要努力。更有些事，在沒人看見的時候，做起來會比較容易。

大多數的事，終歸是做給自己看的。「沒有人看見，所以我就不做」與「沒有人看見，我依然會做」最後的結果將會是天差地遠的。

我們的辛苦努力，有人看見了，給予肯定，很讓人開心，那就持續努力下去。

我們很辛苦、很努力，但都沒人看見？沒關係，我們自己看見，我們的身體會感受到，心會感受到。

這世界雖不是繞著你轉的，但你的世界只有你在轉。

偷偷努力，是對自己的持續努力，且這樣，別人才偷不走我們的能力。

蹲低不一定是為了跳高，蟄伏不一定是為了顯世。光是佩服如此盡責的自己，光是拍拍這樣認真的自己，就很值得了。

你的努力，你自己知道。

有一天，也有個一直喜歡你的人會知道。

然後，你會聽見他與他們的掌聲。

Letter

05

別人的委屈，恰好等於自己被虧待的心

嗨嗨，你今天分享自己的生活了嗎？

每天滑社群媒體，總有無數人在上面分享他們的生活，快樂、努力、悲傷與怨恨。我總能從字裡行間讀懂他們想說的意思，能力所及，一一為他點個讚或是留一句鼓勵。

在一些以爆料、抱怨為主的社團裡，天天都有著各種委屈和怨懟，一篇篇長達七、八百字的文章，都說著他們的不滿，總結起來是四個字：

「我好委屈。」

這世界有好多人都覺得自己委屈，是因為大家都很玻璃心嗎？

講座上，人們會問我，如何寫出有溫度的文案？

如果說一句老話，是換位思考。如果用我的話說，則是：「你要讀懂別人的委屈。」

委屈是很強大的情緒，應得而未得時，我們就會委屈，且這件事天天都會發生。

早起辛苦上班，頂著寒風，手都凍到沒感覺了。好不容易到辦公室，卻沒人說一句：「今天這麼冷還起床，真棒。」

幫別人買早餐，還幫他放在懷裡保暖。他像平常一樣說聲「謝謝」就吃了，沒發現這樣的貼心。

替大家團購商品，細心分類整齊，找好零錢。那些人隨手拿了就走，還抱怨邊角有些凹痕。

還有太多太多我們不說的努力，沒被看見時，就會覺得委屈。

我早上進辦公室坐電梯時，都會把電梯按回第一層，這樣夥伴上班時就能直接按開。

假日上班時，貓會叼走夥伴的東西，我總是追好遠的路，替同事保住物品，放回原位。

冬天寒流時，我依然會裝飲水機的冰水，放到不冰再喝，因為我擔心夥伴上班時沒有熱水。

這些已經行之有日，卻沒有談過為什麼。

你也曾想過吧，這些背後的努力值得嗎？又沒人發現，更沒人感謝。

如果要說一句：「我們做事不是為了被看見，是為了自己！」那真是偉大，但又能堅持多少呢？

也可以潑冷水：「又沒人要求你做，自己愛做又愛委屈，活該。」很常見吧，在一則則心情抒發底下的留言，總不乏這樣的說法。

但我想的是，如果有多一個人，能讀懂你這樣的努力呢？如果有多一個人，能看見你的委屈呢？

當我開始讀別人的委屈後，就很少感到委屈了。

當我覺得被虧待時，也去感受別人被虧待的心，就不覺得自己多虧了。

能了解那些別人背後的努力，會覺得自己的努力可能被了解。

過去在職場中曾感受到委屈，現在當管理者就更能懂那些辛苦；過去的寫作沒被人看見，現在也能懂那些不被看見的辛酸。

當能意識到這些時，就擁有了溫度，也有了敏銳的洞察力。

因為我們的世界，開始有了別人。

我們的眼光，不再只是看著自己所缺少的，而是看見別人的缺，並發覺自己可以給。

愈理解別人的委屈，會成為愈來愈溫暖的人。別人總能夠從我們身上，得到被理解的感動。

不需要犧牲什麼，也不需要奉獻自我，只需要理解。

這世上願意理解別人的人太少，而多一個你是剛好。

當我們都開始看見別人的委屈，那彼此相處就會更溫柔一點，說話會更體貼一點。

今天之後，我們的委屈就愈來愈少。

剩下的，都是應得的滿足。

都是被理解的快樂。

Letter

06 不管選哪一邊，都是會後悔的

嗨嗨，你曾因為選擇而感到後悔嗎？

我玩遊戲時，很怕遊戲選項需要二選一或三選一，且還會對結果有重大影響的。這時候，我都會去查攻略。比起被「爆雷」，我更怕選錯。

為什麼呢？可能是因為選錯就必須重玩才能再選一次，也可能是單純嚮往美好的結局，更有可能的是，我害怕因自己的選擇，傷害到了誰，即使只是遊戲角色。

對你說一個祕密，這是我沒有對別人說過、也沒有寫出來過的事。

第一次裁員的那一天，我回家時哭了。

不是大哭那種，是鼻一酸，眼淚就滴下來了。我擦去眼淚，若無其事地回家。白露問：「一切還好嗎？」我說還好，該說的都說了，也盡量做了。

公司項目不賺錢，營收持續下滑，不切斷的話，連其他人都會有危險。

老套的劇本，但我是第一次演出。

我希望別再演一次了。

同事們離開的那天，我坐在他們身邊，很認真地向他們說對不起，是我能力不足、判斷失誤；是我找不到商業模式，讓做得很好的人，最後還是沒辦法回收應有的成果。

他們點點頭，沒特別說什麼。

我依然記得那時候的心情，在前一晚、前一個禮拜、前一個月，我都在想，只有這個選擇嗎？只能這樣選嗎？

曾問過經營公司的朋友，也問過創業的前輩，他們說的都差不多：「這是必然發生的事，也是經營中常會遇到的事，以後就會習慣了。」

不，我不想要習慣。

我不希望習慣後悔，也不希望習慣無力感。

以前談過遠距離戀愛，兩個人都覺得很痛苦。說分手的那天，也哭了好久。當下真的很後悔，心想還是不要分手好了。

不分手痛苦，分手也痛苦，不管選哪一邊，後悔是必然發生的。

既然都會發生，那就不要逃避，好好記得那樣的感受。那是用屍骨堆疊出來的高台，是燃燒血肉作為動力的機器，是用淚水蝕刻的教訓。

即使真的想習慣，也還是很困難，畢竟每次的後悔都是客製化的。

遊戲上的後悔，是時間的損失；現實上的後悔，可能是金錢、心力、情感上的損失。每次的損失都不一樣，且永不可驗證。

如同每次公司開會決定，到底要A包裝好，還是B包裝好？不論選哪一個，另一邊都會有意見。

選A，如果大賣了，會說選B應該賣更好。

選A，如果不賣了，會說早知道選B就對了吧。

不論怎麼選，都無法重新再來一次，即使很類似，時空背景也不一樣。

正因為如此，有時候就會出現選擇障礙，決定兩邊都不選，或延遲做選擇。誰說只有A、B呢？不可以選C或逃跑嗎？

當然可以，那也是一種選擇。逃跑的後果雖然比較晚看見，但仍然會看見，且更嚴重地到來。

因此，該怎麼選呢？雖然每一次選擇都不太一樣，但我現在有兩個簡單的準則：

一是選後悔會早點來的那一個。

二是選會有新的後悔的那一個。

例如對於一個工作要不要做，做了好累，覺得好後悔，但不做之後沒收入更後悔，所以先選擇做吧。

又像是活動邀約，至少先去一次，下一次再拒絕。畢竟沒嘗試過，去完再說吧。

類似這樣，即使都會後悔，但總有新的體驗與故事。

寫文案時，也是如此。我總會想著要用新的方法與風格，如果被打槍的話，再改就好了。

當兩個方案不知道該怎麼選時，就選沒試過那一個吧。即使失敗了，得到的也是新的失敗經驗。

這是什麼好的人生策略嗎？不一定，但起碼讓每次眼淚都有新的出口。

你會知道，自己的選擇，是經過無數考驗的。

也已經是當下最好的選擇了。

Letter 07 很多人會說不要怕失敗，他們在說謊

嗨嗨，你害怕失敗嗎？

我很害怕，超級害怕。雖然對外時，我都會說：「還好啦。」

但在信裡，我想要告解這件事，我害怕失敗的心情，可能遠比追求成功要來得多。

許多朋友常與我分享他們猶豫的事情，例如眼前有A、B兩種選項，但不論是A或B，他們都不敢選，因為兩邊都可能失敗，問我該怎麼辦？

如果我是勵志大師，大概就會說：「勇敢選擇吧，失敗不可怕，可怕的

是沒有成功過。」「打倒你的不是失敗，而是沒有再站起來的勇氣。」

這些句子都很棒，我也能輕易地說出口。

但真實的情況是，當我面對時，我也超抖的。

曾經有一次，因為設錯鬧鐘，在一堂課前遲到了，讓學員延後上課。從此之後，只要隔天早上有課，我當天晚上都會睡不太好，甚至睡不著。

也曾經在交稿後被客戶嫌棄得要命，因此後來每次交稿後，我都先不看信件，收到回信時也要深呼吸與上廁所後，才敢打開來看。

還有好多好多次的失敗經驗，成了陰影，陽光至今都沒有照入，我只能小心地踩踏在黑暗中，每一次要面對時，都期許這是最後一次。

失敗很可怕，很多人會告訴你不要怕，但一件需要被提醒不害怕的事，本身就讓人害怕了。

我害怕的失敗有三種：

第一種是非我所做、但我必須負責的失敗。

我小時候超討厭「連坐法」這種規定，不能理解旁邊同學講話，自己也要一起受罰的道理。

長大後才發現，原來社會上到處都是「連坐法」的影子。同事出包，你也會遭殃；老闆犯蠢，你也會受罪；小孩胡鬧，你必須收尾；夥伴有難，你必然要出手相助，概括承擔。

我們通常不害怕自己失敗，但害怕自己失敗而影響了別人，同時也不喜歡別人的失敗影響到自己。

很常罵別人豬隊友，自己又何嘗不是在豬圈之中呢？

正因為如此，所以失敗更讓人討厭。

第二種是在熟悉自信的事物上失敗。

還記得學生時期的考試嗎？最氣的不是自己不會，而是明明會，但填錯格子或粗心算錯數字。

如果不熟悉、不擅長，我們都會很坦然地面對失敗，但在自信的地方失敗了，會感覺自己毫無價值。

善泳者溺，這種失敗不僅不被諒解，也否定了曾經努力的意義。

第三種是無法挽救、毀滅性的失敗。

平常小考失敗，下次再努力就好，但如果大考失敗，那可沒有下次。

即使有人說考試不足以代表人生，可是人生中，就是有真實毀滅性的失敗，那是讓人再起不能的失敗，像是公司倒閉、感情失和、社群炎上等。有時候是一陣子，有時候是一輩子。一些失敗會持續跟著你，一直提醒你。

一些勵志故事會說，某些人遭遇了類似的失敗，後來也站起來了啊。

但我們知道，那是少數的。更多破碎下沉的人，沒有被發現。

一般在談論失敗時，面對別人失敗，我們總覺得「沒關係吧」、「還好啦」、「不會影響一輩子啦」。但面對自己失敗時，就像是這三種狀況，我們總擔心別人影響自己，總害怕一直以來的努力被否定，總覺得那是毀滅性的打擊。

原本想說點好聽或勵志的話，像是「做好準備」、「失敗是種養分」、「挫折會使人更堅強」之類，但這些都無法解決失敗帶來的後果。

大多數人都是悲觀的，因為我們對於後果的承擔都太過於薄弱。

如果只有一千元，浪費五百元會讓人陷入絕境。

但如果有一萬元，五百元或許就能笑稱為挫折。

在長大的歷程中，我面對失敗所學到的，並不是要調整心態，而是要擁有更多失敗的本錢和自信，永遠不要讓自己處於孤注一擲的場景。

我沒有什麼面對失敗的大智慧，只有相對單純的生意頭腦。

別讓自己成為只要一次失敗就會倒下的人，不論是內心還是荷包。

如果害怕失敗，現在也正在害怕失敗，比起改變心情，更直接的做法可能是盤點資源。只要有愛你的人、付得出房租的存款、吃得了飯的地方，那就算失敗，還不算太失敗。

人一生都會面臨失敗，這正是我們努力儲備的原因。因為失敗離我們很近，我們必須能夠接住，才能夠不害怕。

所謂的堅強，是能接住自己的失敗。

所謂的強大，是還能夠接住別人的失敗。

希望你不只是堅強，還能持續強大。

讓這世界的失敗，對你而言都只是學習。

Letter

08 慌亂的時候，才會看見自己在乎的事

嗨嗨，你還記得疫情剛開始時的狀況嗎？

記得那段時間，我才剛開始找新辦公室，預計將租下一個四十幾坪的空間，為下一階段的任務做準備。就在簽約前一天，疫情升溫。我嘗試向房東談一些緩衝期，可惜只能延後兩天。

簽約隔天，我宣布全員居家上班。嶄新的辦公室空蕩蕩，三貓都可以翻滾奔跑，有點奢侈。不過想到我一人要打掃這辦公室，開冷氣只吹我一人，更多的是擔心，以及困擾。

我想了想，我在擔心什麼呢？

是擔心夥伴在家上班，工作與溝通效率不佳，造成進度大亂嗎？

是擔心業務可能受疫情波及，造成收入銳減、公司倒閉嗎？

還是要擔心這個社會再也回不去安穩自在的日子，我與孩子的未來該如何安排？

好像都需要擔心，但這些又有什麼好擔心的呢？

有時看到別人緊張的事，我們或許會覺得：「那有什麼好緊張的？」

如果朋友要上台演講，在旁邊的你一定會說：「別緊張啦，一下子就過去了。」但如果等一下是你要演講，你可能會更緊張。

在社群上，也常看到許多人說著他們的緊張、慌亂與擔憂。

「健身房不能去了，我的肚子要繼續大起來了。」

「要在家裡上班了，我的房間好亂、電腦好爛、貓會來亂，怎麼辦？」

「期待的活動、準備好的旅行取消了，好悶好煩，怎麼辦？」

還有更多更多，關於生計、生活、心情、心態……什麼事情都值得我們擔憂。更赤裸的是，就算沒有疫情攪局，我們平常也有著各種害怕。

你會怎麼想呢？

我想，害怕的事，就是我們會在乎的事。

不在乎評價，上台就不會緊張。

不在乎旅行，被規定待在家時反而開心。

不在乎辦公室，在家工作便可以享受不被打擾的效率。

我喜歡和夥伴們一起工作，所以我害怕看不到他們，我會想他們。

我在乎客戶，我怕他們沒生意。看他們賺大錢，我也會比較開心。

我在乎孩子的玩耍空間，他們不能出去看世界的美麗，不能大口呼吸，我覺得很可惜。我想看他們的汗水與笑容。

慌亂的時候，才會看見自己在乎的事，也才會發現自己跳動的心，是因什麼事情而鼓動。

每當我有情緒時，我都會為自己空出一點時間和空間，讓自己靜一下，想想這情緒的由來是因為什麼事。當我找到原因，那情緒就成為了動力，讓我能夠採取更好的應對做法。

趁這個時候，可以與自己對話看看。我們在乎的是日常、過去，還是未來？是他人，還是想被看見的自己？

疫情帶來改變，我改成線上教學較多，較少出現在實體課程與活動，也有更多時間寫東西、與夥伴相處。即使減少外在的曝光名聲，但我顯得更開心自在。我發現自己不是在乎那些曝光與名聲，而是我的創作與夥伴。

在案件上，我減少單一短暫的合作，更專注於服務那些長期信賴我的客戶，深入解決他們的問題，一起創造新的可能性。我見到自己不是在乎那些短效的收費，而是長期關係的經營。

最後說擔心。

我擔心自己力有未逮，卻不擔心有壞評價。

我擔心失敗，卻不擔心失敗後的承擔。

我擔心發不出薪水，卻不擔心承受負債與丟臉。

世界愈亂，愈應該看看跑出來亂的是什麼；生活一直改變，愈應該看看不變的是什麼。

做那些不會變的事，小心那些跑出來亂的東西——平常可能藏得很好，但慌亂中就是藏不住。

注意自己的慌亂，這是很好發現真實的時刻。所謂的始終如一，正是在這時才有辦法驗證的事。

患難不一定見真情。但有難，你才會知道哪一雙手可以緊握。

那才是你該在乎的。

Letter

09 遇見幾個冷屁股，才知道自己臉多熱

嗨嗨，你常常覺得自己熱臉貼冷屁股嗎？

人有好為人師之病，這病還會隨年齡增長，愈來愈重。如果不治，那症狀就會是常常覺得熱臉貼冷屁股，覺得別人不識好歹。

即使不好為人師，生活中還是常有覺得不被領情的時候。

先從行銷的角度來說這件事。

許多廠商都覺得自己的產品明明很棒，怎麼都沒有人要買。消費者還跑去買盜版，被騙再來哭。

業務覺得自己是真心為客戶好，花很多心思準備很適合對方的方案，結果對方居然跑去和親戚買那個根本是害他的方案。

還有很多自媒體，用心寫內容，花一個禮拜產出圖文豐富的資訊，結果只有幾個讚，反而那些短影片有幾百萬人次的觀看。

這些行銷挫敗的時刻，也會感到不被領情，熱臉貼市場冷屁股。

這些年來，我一直在修練這件事，有些心得。

年輕時，我有包容我的主管與老闆，但沒有被人特別地帶過，大多數是自己摸索學習，跌撞中成長。

因此，當我較為資深後，對於他人的提問和請教，都抱著極高的熱情。從親切地帶領新進人員認識公司，到教導部門裡的新夥伴行政流程，甚至是離職後一、兩個月，對於接替我工作位置的人，都還會熱心回答我所記得的事……當然這樣做，並不都是得到好的回應。

有人認為我只是想先認識新妹，有人覺得我花時間教導反而耽誤工作，有人則感到好煩——太過熱情的前輩無法拒絕，但沒有想聽那麼多。

第一次停下來這樣的行為，就是從其他地方的耳語聽到：「阿聖人是很好啦，只是有問題的話，不要問阿聖。因為只要一問他，他就會一直講，講得很細節、很全面，會花很多時間。」

當我聽到這樣的評語時，愣了一下，原來講得太細節、太全面是不對的啊？過去我都得到模稜兩可的答案，讓我走很多歪路，現在能給全面又細節的答案，反而是我浪費別人的時間了？

在那之後，我就沒有再主動去關心新進夥伴和交接夥伴了。

開公司後，心中有想當好老闆的理想，同時也身為行業的前輩，因此會細心說明許多知識，包括原理、邏輯、延伸、範例、反例等。

我每天花很多時間在說話，自己的東西是等到假日才處理。白露還說：「明明是找人來分擔工作，怎麼徵人後，你反而更忙了？」

很明顯的，我變成和過去一樣的方式。

只是我想，這是我自己的公司。我辛苦過的事，都會成為我的累積吧。畢竟當老闆，親力親為、替自己賺錢也是應該的。夥伴領薪水做事，他們能多學到就是本事，有派上用場，就是我的收穫。

後來，當然也一樣，落得被抱怨的結果，還加上了更多關於老闆標籤的臆測與負面聯想。

之後我也改變方式，面對事情簡單說明，但保留一扇窗，會先說：「如果你有時間、有興趣的話，我可以再多說點，不然先這樣就好了。」

修練過程大抵如此，細節就不多說了。

熱臉貼冷屁股，心情當然不好受，但被逼迫要接受別人熱情，也會很反感吧。

以「我是為你好」的名義做任何事，都是讓人討厭的事，除非對方付錢請教，像是看醫生、找律師或顧問。以免費的「我是為你好」為出發點，大多會成為壓力，然後自己也變成熱臉，貼哪個屁股都覺得冷。

所以當別人不領情時，我們不可能改變別人，要別人去領，只能反過來思考自己，這「情」為什麼要給？以及該怎麼給？

再用行銷的「場景思維」說法來說明：不論是真的很棒還是自認很棒的產品，到處去打擾人家，或者人家只是問一下，就黏著別人不放，想要把所有品牌故事、精神、產品研發歷程、辛酸血淚前因後果都說出來。那再好的東西，也會成為人人閃避的原因。

講到場景時，我會說：「最好的場景，就是雪中送炭，但這很困難，人生難得遇雪，所以次之場景就是錦上添花。」

心法是：「錦上添花花要奇，雪中送炭炭要稀。」

人人都送花，我就要夠獨特奇怪，當然不可失禮，是往好的方向奇怪。送炭也不要一起全送、一直送、主動送，那會使別人不感謝。免費炭多了，就會慣壞市場，等到不免費時還來怪送炭者。

所以只能給一點，對方如果要更多，他必須有所付出。

這是最好理解「場景思維」的概念，也是最簡單的做法。

每個產品都需要替它打造場景，在某個場景是好產品，可能換個場景，人家就不領情了。

這份情不被領，可能是這份情不夠奇。你接送，別人也接送；你教的東西，在別處也學得到，不稀奇。

或者你的情太多了，雖然好，多了也膩。與媽媽的嘮叨、爸爸的碎念一樣多，我都懂，但就是煩又吵，最後還愛「情勒」、裝可憐。

做好自己的事，留一扇窗給別人問。我們的情該等別人來領，而不是到處去發。

所有的委屈，都來自於付出與收穫不成比例。而最好的方式，不是期待巨大的收穫，而是減少付出的成本。遇到對方也願意全心付出的時候，再傾囊相授、好利盡出。

那樣，人生就輕鬆點了，行銷也簡單點了。

我們的熱臉，也有安放之處。

是另外一個充滿熱情的眼神。

Letter

10 什麼事值得你生氣？

嗨嗨，你最近常生氣嗎？

生活上，我常有這樣的感受——覺得自己的怒點愈來愈低。以前一些事情不太順利，總需要多深呼吸一次，現在可能要再加兩次。

我覺得人與人之間有兩種很難理解的情緒，一是寂寞，二是怒氣。

寂寞的感受很複雜，且通常不易同理。不論我們怎麼形容自己的寂寞，別人都只能提出一點點建議，試圖告訴我們：「只需要做點事，就不會那麼寂寞啦！」

但每份寂寞都是充滿背景故事、淵遠流長的，不是一個約會、一場活動或一個朋友，就能夠解決的事。

怒氣更特別，每個人都有不同的怒點，還有不同的憤怒反應。

有些朋友會與我分享他們的生活，也會提到他們生氣過的事。我嘗試去理解那些憤怒，但常常因為無法理解而感到愧疚。

這也讓我意識到，當我生氣時，身邊的人也的確無法理解我為什麼會那麼生氣。

「有那麼嚴重嗎？」

「或許真的錯了，但沒必要生氣吧。」

「這還好吧，不就是件小事？這麼生氣，會讓大家以後不敢嘗試的。」

生氣有很多「負」作用，對於解決事情大多沒有幫助，也對於生氣的當事人沒有什麼正面的好處。

那，到底為什麼要生氣呢？

情緒管理的第一步，就是要「認同、接納自己的情緒」。

我體認到的是，沒人能教我們如何不生氣，因為別人無法理解我們為何要這麼生氣。但可以想想自己要為什麼事生氣，這可能比較有意識和價值。

有三件事，我認為比較值得生氣：

第一，為自己做錯的事生氣。

自己做錯事，很值得憤怒。

那就為自己憤怒，罵罵自己，原地打滾爆炸，我認為是有意義的。這些憤怒會成為記憶點，讓自己這不長記性的腦袋，記得一些火焰，然後下次不再犯，或有動力找到改變的做法。

我很怕哪一天，我對於自己的錯不再生氣了，那可能是我放棄改變的一天，也可能是我不再有能力發現自己錯誤的一天。

第二，為有人受到傷害的事生氣。

我們無法感同別人的傷害痛苦，但不應該漠視傷害的存在。

保持一些憤怒，可以讓自己記得別成為傷害的存在，也讓施予傷害的人了解，他們所做的事，是不該繼續的。

第三，為五年後還會堅持的事生氣。

有些當下的堅持，其實事後來看，都很沒必要。我記得小時候，有一次為了我的仙女棒被打開過，不是全新的仙女棒，而氣了半天以上。

長大後再想，覺得超無聊的。

然而，我記得自己還是菜鳥講師時，曾收到一個邀請，要我照另一個講師的課綱講課，因為那講師的價位較高，而我相對划算。

我拒絕了，沒有直接噴火的那種。但回家後氣了很久，還吃了一塊雞排消氣。

很氣，為那個前輩感到不值，用心的課綱居然被認為可以照搬。

更氣，為自己的差異化不夠感到懊惱。

超氣，為這個市場生態感到悲傷。

到現在，那個生氣的情緒，我都還能想起，也依然堅持這事。

我認為這是很有意義的生氣。

最後也想說一說情緒，這是我們要小心的事。

做行銷，寫文案，情緒是最需要重視的細節，比錯字更需要重視。因為每一種情緒，都有我們想傳達的意義。

可以是溫暖，也可以是不捨、憂傷、緊張或是遺憾。

當然，還可以是生氣與憤怒。
但可不可以，化戾氣成力氣？
即使生氣，也能把事情推進。
即使憤怒，也不以此為理由，鑄成錯誤。
即使做自己，依然可以受到大家喜愛。
在愈暴躁的時代，我們就該愈平靜。
讓生氣，成為未來的助力。
你可以成為同溫層裡，涼爽的一道風。
讓人們都想靠近你。

Letter

11 危機是很好的東西

嗨嗨，你最近有遇到危機嗎？

每天或多或少，我們都會有點危機意識吧。

例如過馬路時要小心，認識新朋友時要注意，開會時要打起精神，確認

今天不會叫到我……危機是很好的東西。

它告訴了我們，事情總有意外，世界一直在變。

比起談論美好，我更喜歡談一些挫折和傷痛，只是談論這些黑灰色時，

心情總會略有黯淡。

美好只需要提醒，不需要討論——那容易變成炫耀。而挫折需要分享，更需要討論，好讓我們從中學習。

如同在商業上，比起成功故事，我們更該看失敗時發生什麼事。比起看熱賣文案怎麼寫，更需要看失敗文案都長怎樣。比起亮出百萬營業額，更要小心那些花了百萬廣告費卻沒成果的人們。

那是危機訊號，每次都不一樣。有些很明顯，有些則很快消失。可能是數字，可能是表情，可能是心跳，可能是腦波或新聞。

危機太多了，但我們每天也都如此度過了，這是值得慶祝的美好。

所以我想說一說，我常遇到的危機是什麼。

第一，「不足」的危機。

我的薪水曾經不足過，面臨下個月的房租、想過的生活、想娶的女朋友與未來目標時，翻開存款與錢包，都非常不足。

有誰說薪水足嗎？或者有人會說自己錢夠了嗎？可能不會，但只要不需在晚上十點下班後還翻開錢包嘆氣的話，其實都算是足夠的。

錢的不足很明顯，也很無助。因為除了少數犯法的方式外，實在很難馬上補足這缺口，且日子還是要過。

我面臨過那樣的不足，因此更知道錢的意義與重要。即使現在不再常常不足了，我也依然理解，這些足夠是建立在長期的基礎上。補足基礎，才能避免不足。

還有個不足，是時間的不足。

青春揮霍的時間，都是成年的債務。我總在追趕時間，但時間並沒有在追我——它根本不理我。

公司夥伴離開後的工作，我需要用自己的時間補上。

商業機會的銜接，我需要把握時間追上。

孩子成長的笑容和歷程，我需要許多時間陪伴。

時間太不夠了，連留給自己都不夠。

不足的危機，天天發生。

第二，「善意」的危機。

為什麼要說到善？是因為我開始感受到，這世界的善意不被善待。

當我們付出信任、尊重、友好與承諾，但沒有被同等對待，甚至是被掃除撕裂時，我們就不願再付出善意了。

而這樣的事，愈來愈常發生，也逐漸讓我們感到善意很危險、善意會被濫用、善意會被扭曲、善意是傻。沒人該當傻子。

當權者的善意最常被扭曲。人們總認為一定沒這麼好，背後一定是有什麼陰謀，一定只是對自己好而順便施捨吧。

陌生人的善意也會被防備。擔心非親非故的，為什麼要對我好，背後是不是有巨大的代價或目的。

我不知道為什麼，從小被交待要與人為善，卻在長大後看見人們其實不喜歡善。每個善意的評論，背後一定會出現質疑與不屑的評論；每個善良的好人，背後一定會有討厭他並揚言要撕掉他面具的人……

善的敵人愈來愈多，所以出社會愈久，工作經歷愈長，人們會愈發提醒你，不要那麼多善意。

善意隨著長大，愈來愈危機。

第三，「疲倦」的危機。

做什麼事會覺得累呢？

一般會想到可能是勞力的事，又或是重複的事。但玩遊戲是重複的事，不太累；運動是勞力的事，也不太累——或許肉體上會累，但心裡不會覺得是疲倦。

「職業倦怠」這個詞很有意思，把一個名詞加上倦怠，彷彿有了故事。

我們有沒有可能「食物倦怠」，不想吃東西了？

或是「睡眠倦怠」，不想睡覺了？

乾脆「戀愛倦怠」，懶得再愛了？

對一件事真正疲倦，並不是因為一直在做這件事，而是這件事一直做卻沒有改變，找不到意義也無法逃離。

小時候覺得世界好有趣，不論做什麼事都好新鮮。喜歡聲光效果強的玩具，每次玩都會閃閃發光。

後來不太喜歡聲光玩具，因為電腦遊戲更刺激好玩，有無窮的冒險旅程可以探索。

再長大覺得市場令人著迷，有著難以預測的變化和各種新東西。

然後，就沒趣了。

會在某個瞬間，對某件事、某個人、某個位置、某個想法感到疲倦，好像生病一樣。但我們知道，這不會好的，也沒有藥的。

常有學生、朋友問我，寫作會不會沒有靈感？我說不會。

寫作會不會有膩的一天？我說不會。

那會不會有覺得累的時候呢？我說常常。

常常覺得累，但不會疲倦，因為這件事很有樂趣。腦袋會累，不過心還熱，手還動。

令我覺得疲倦的，是與這世界的爭論、回應，還有堅持。

大聲宣揚理念這件事，已經有點累了，或許真的影響一些人，並創造了些許改變，但也因此受到許多非議、檢視和責難。我對這一切有些疲倦，正在不可逆的路上，尋找緩和滑下的方法。

疲倦的危機，如中年的凸肚，吸氣也只是假裝，再也收不回去。

這三種危機，是我常有的危機，也是每次消除又會持續冒出的危機。

如同每天有數十個要過的十字路口，過完今天，還有明天。

儘管如此，我們還是一直在創造新的故事，走出新的路，發現新的善意

Letter

12

戰爭，我們看過的太多，知道的太少

我一直在猶豫，要不要提到戰爭？思來想去，最後還是寫了下來。不太適合輕鬆的開頭，但可以好好談一談。

戰爭，是一件需要認真討論、不需大肆傳播的事。

仗與戰，我們都常見。如同筆戰、冷戰，考試像打仗，睡過頭出門也像打仗。不過實際上，我們真正遇過的戰爭很少，或目睹發生的很少。

離戰爭很近時，我們就離自己很遠，因為打仗時沒有個人，只有名義與數量。關於大國小國，關於軍力總數，關於死傷人數。

北野武說：「災難並不是死了兩萬人或八萬人這樣的一件事，而是死了一個人這件事，發生了兩萬次。」

只是我們通常也看不到那兩萬次，只會看到新聞播報的那一次。

做行銷也是一樣，遇到客訴或批評時，我常提醒夥伴：「那並不是一、兩次的回應，那是一個人的世界受到了影響，是一個人的購買體驗受到了影響，更可能是他今日的好心情受到了影響。」

行銷不是數據，行銷是人。

數據是讓我們方便溝通，不是讓我們放棄溝通。

永遠要記得看著人，才不會忘記自己也是人。

以前我認為，人應該只會做自己認為對的事。

那打仗是對的嗎？多數人都會說不對。那為什麼還會發生呢？

吵架是對的嗎？可能也不是，但每天網路上都有那麼多的衝突在吵，路邊也有那麼多的紛爭。那些人都在做什麼呢？

然後我找到一個解釋，就是每件事都有不同角度，因為每個人都認為自己是對的，為了捍衛自己的正確，才必須與別人爭戰。

這解釋很常見，也很合理。

但很多時候，我們明知道是錯的，還是會這麼做。如同闖紅燈的人、違反吸菸規定的人、推卸責任的人、匿名中傷他人的人……很多事不需要以道德或法律之名，也不用換什麼角度思考，我們都知道那件事不該做，因為會傷害到別人。

這時會出現另外一個說法：「他們是為了自己的利益啦。」

他們傷害別人，謀取自己的利益，賺自己的好處。

這答案也很好懂，人是自私的，為了自己一時方便、爽快、甜頭等，即使傷害他人一點，也是會做的。

但這無法解釋那些在戰場上哭著傷害他人的人。

他一定知道這是錯的，不論別人怎麼說，不論國家怎麼說，不論世界或新聞怎麼說，且這件事對他也可能造成傷害，甚至開戰方自己的國家終將面臨巨大的經濟危機、支持度危機，那為什麼還讓他們打呢？

我看了很多分析、傳聞、謠言，我有些分不清楚它們之間的差別，畢竟每個人都覺得自己說的是對的，每個人都為自己的利益說話……當這些話語混淆時，真的是一種傷害。

總之直至現在，我依然不理解，為什麼要打？

如同在網路上看到那些筆戰打得響的人，問他為什麼要戰時，可能他也說不上來。

我已經很多年沒與人起過衝突了，面對大多數的挑釁與攻擊，我選擇收取有用的訊息，學習或改進，然後說聲「謝謝你告訴我」，也就過去了。

這不是脾氣好或修養好，只是我知道，他們想要的是什麼。

不是站在不同邊而打仗，也不是只為了自己利益而戰，更不是找不到原因就戰，而是他們找不到其他方式為自己的脆弱發聲罷了。

總要靠戰火，才能讓人看見他們的需求與要求。

總要用宣戰，才能讓人聽見他們的聲音與傷心。

總要把每一次接觸都定義成戰爭，才有辦法讓人全力以赴，生死與共。

總要把別人拖下水，才能證明自己也不是那麼慘。

戰爭裡沒有贏家，只有我們不肯承認的雙輸。

這是創業多年，過了三十五歲，經歷過歲月與人情沖刷後，我才終於懂的事。

說到這裡，我也沒什麼宏觀偉大或憤慨譴責的評論。

只有憂愁與哀傷。

這是我們都逃不開的失敗與損失，即使科技如此進步，即使溝通平台如此多元而迅速，人與人之間，依然離得這麼遠。

遠到需要戰火，我們才能看清彼此的臉龐。

原來彼端的臉龐，也是無助的人。

Letter

13 職場不是交朋友，而是認識知己的地方

嗨嗨，你出社會後有交到朋友嗎？

我想可能很困難，許多人會覺得，交朋友只有在學生時期，彼此沒有利益往來又有空閒陪伴時，才能交到朋友。

或許是吧，朋友的確需要大量時間，才有可能產生情誼。

我對於朋友的分類沒有很複雜。一般朋友、好朋友、結拜朋友、酒肉朋友，以前會想這樣分，後來發覺根本分不出來。

更重要的是，就算自己這樣分，別人也不一定這樣認為啊！

高中時，我曾把幾位朋友放到好朋友的位置，結果畢業後，只剩一位有聯絡，其他都消失了。這才知道，原來我們沒說「好」，只有我認為的好。

出社會後，我認識不少人，如果有人說他是我朋友，我通常也不太會拒絕。商場嘛，多一個朋友就少一個敵人，所以見面都要拍個照做紀錄，但這樣的交情要說是什麼好朋友，可能也算不上。畢竟我們一年或許相遇不到五次，不是會分享彼此勞傷心事的人，頂多說最近營業額不好，互相打氣一下而已。

仔細想想，許多人在社群上說的東西，比對身邊朋友說的還多。

還記得社群媒體剛開始發展的那幾年，聚會時常常會出現：「你有看我昨天發的內容嗎？」「這地方我上個月有去啊，還有打卡，你沒看到嗎？」「你先去看臉書上發的那篇。」

明明已經見面了，卻還是要透過社群去補足對方的生活。這種狀況，讓我開始疑惑到底朋友是什麼。

不過現在大家已經比較習慣這件事了，我對於朋友的定義也不強求了，認識彼此而不相害的，就當是朋友了。

回到職場上，常聽人說「上班不是來交朋友的」，確實每個人因工作策略不同，各有所好。即使我認為交點朋友會讓事情更好溝通，有些人仍可以只付出技能而不付出情感，那是一種本事。

不過如果說的是「知己」，那倒是我出社會後非常深刻的體悟。

知己對我而言，是要一起完成過些尖銳的事，例如很有成就感的目標，或是很糟糕的時刻。

有時候，家人不一定能理解我在工作上的成果，但那些與我一起完成的夥伴，就能夠了解這個成果的可貴。

朋友不一定明白某個專案對我的重要性，但陪我一起打拚的主管，就能夠知道這個專案的對我的意義。

知己，是知道我所在乎的事情。這正是我們出社會工作後，每天努力的日常。

有些朋友能成為知己，那是難能可貴的。

大多數的知己可能不一定是朋友，因為彼此有各自的世界要打拚奮鬥，但說到一起努力過的事蹟，可以共享價值和心情。

當然，這樣區分，你可能不太同意。畢竟知己聽起來是個珍貴的存在。要是一起做個專案就叫知己，那工作個幾年，全公司不都是知己了？

這說起來是誇張了些，但我想說的是，知己並不是一個長期狀態，而是一個單一瞬間的感受——覺得這個人真懂自己。

所以我們的確可以擁有很多知己，在不同時刻與空間。然後下一刻就分開，去另外一個世界。

能夠擁有知己的關鍵，不在於對方，而是自己的投入。投入愈深，就會愈覺得能與自己一起走到最後的人，都是懂自己的人。

如果足夠知道自己，那就容易獲得知己。

如果擁有很多知己，那我們在乎的事，就會有很多人與我們一起在乎。

職場可能真的不適合交朋友，畢竟大家都忙，有自己的事情要做。但我們在同一個地方工作，是為了往同一個方向推進，是為了自己在乎的事情而做——那些薪水之外，投注心力的事。

不是每個人都會那麼投入，但如果發現與自己一樣投入的人，那就很可能成為知己。

如果原本沒那麼投入，看到別人很投入後，可能也會發現值得投入的原因，成為對方的知己。

職場上能得到的東西，比想像中還多，畢竟我們也付出了不少代價。

那，除了薪水和自己之外，試著奪取些知己吧！

那是知道自己在做什麼的人。

也能提醒自己還是個人。

Letter

14

離職治百病，包括不認識自己的病

嗨嗨，你想過離開現在的工作嗎？

以前的我，大概上班一個月後，就會開始想這問題呢。

說起來，自己真的是很不適合上班，也滿好奇，有人適合上班嗎？

如果你是這樣的人，那恭喜你。

如果不是，也沒關係，除了創業外，現在也有許多方式，可以透過個人商業模式活得好好的，已經不是個要被迫上班一輩子的時代了。

我一直在想，為什麼自己不適合上班呢？是我草莓族、酸奶族還是太爛軟呢？是我找不到好老闆，還是我並非好員工呢？

後來在幾份工作中做得比較順手，發覺即使老闆很好，主管很好，同事很好，工作內容也很好……但我還是想離職。

那不就是……我不好？

想通了這點後，我就決定自己創業看看。如果我真的不好，那就別去害別人了；如果我真的不好，那就讓市場打醒我吧！

幸好我現在還活著，證明自己也不算那麼不好，至少寫東西還是有人願意看的，腦袋裡的東西還是有人願意付錢了解的。

這樣的好，當然也可能是暫時的，說不定再三、五年，又變得不好了。

離職後，我才認識自己。

每一次離職，我都更認識自己一點。

有一次下班回家，因為路上風沙比較多，所以我一到家就去洗臉，擦乾臉照鏡子的那刻，我仔細地看了一下自己。

誰啊？

我居然有點不太認識自己，那一個下班後的我，變成一整天公司形狀的我，變成我自己也不認識的我。

這算什麼呢？是公司逼出了我的潛能？上班讓我發現了自己不一樣的一面？還是為了生存，我變成了另外一個我？

在社群上常開玩笑說：「離職治百病，不離職拿錢換命。」

有時不一定是生病，更多時候只是變成了一個自己沒想過的樣子。

「你上班的樣子好不一樣喔。」

「你工作的模樣反差好大！」

「你一工作起來，我就變得不認識你了。」

在家開會時，或是朋友來公司找你，又或是出社會多年後的同學會場合上，有被這樣說過嗎？

聽到的時候，你是什麼心情呢？

是覺得自己變了？還是認為都是公司害的？又或是覺得「原來自己也有這一面啊」？

我們都很怕變得不像自己，但我們可能也不算真的很認識自己。

創業當老闆後，我也發現新的自己，是個容易焦慮又壞脾氣的自己。某幾次生氣後才驚覺：「原來我也有這麼討人厭的一面啊。」

人都有不同面向，每一次與人相處都會翻出新的一面。面對情人的溫柔與面對奧客的剛強，都存在自己的體內，而且切換可能只需要幾秒鐘。

在不同的公司裡，我們也會看見不一樣的自由。喜不喜歡是一回事，接不接受卻是必選的。

我們都必須接受，那是一部分的我們；而要不要一直接受，取決於我們想要的未來是什麼。

在講求效率的公司裡，溫吞慢磨的個性，會成為缺點。

在講求績效數字的公司裡，細膩情感與敏銳共感，會成為阻礙。

在講求組織行政流程的公司裡，大膽與創造力，會成為麻煩。

當與環境格格不入，硬要把自己塞進另一個模型中，就需凹手斷腳，屈就將就。

離職後，就變回原本的自己了，但也是最原本的自己了。那些凹折過的痕跡還在，那些習慣還在，回覆朋友的訊息時，還會忍不住打上「謝謝你的指教」；與新朋友見面，沒有掏出名片就不太知道怎麼自我介紹；去看演唱會，還是忍不住估算這一場成本需要多少錢……

那些以為離職會治好的病，卻在離開後，成為去除不掉的濾鏡。

過去認為不舒服的事，離職後卻成了自己看世界的角度。

在愛情裡，有一種遺憾叫「用離開教會你愛」。

對工作來說，談愛也許太奢侈，但的確是離職後，才再認識自己一點。

「原來自己沒什麼成就可以寫。」

「原來這麼少人對自己感興趣。」

「原來現在要求的職能這麼多。」

說到這裡，並不是要以什麼老套的勵志話語結尾，說什麼多多認識自己才能找到適合自己的工作。更多的是，隨著歲月，我發現每一件事都像是個鏡子，照出我們不同的面向。

不求工作能帶給自己多大幫助，但求能在其中多認識自己新的角度。

身心俱疲的工作，可能是因為要認識自己，真的很累。

沒關係，幸好這世界，還有很多可能。

讓每一種自己，都有安放的自由。

Letter

15 不如先假裝很認真工作吧！

嗨嗨，你今天與人閒聊了嗎？

每個月，我都會與公司夥伴面談。每次的主題不一樣，屬於比較開放式的閒聊。

有次的主題是：「你的工作哲學是什麼？」

有些夥伴問：「什麼是工作哲學？」

我說：「就是工作對你的意義是什麼，你怎麼看待工作的。」

這話題聽起來很重要，但我們在剛出社會工作時，不太會想到，只覺得就是要找份工作。工作多年後，可能也來不及想了，洞都挖了，只好自己不斷填坑。

如果能聊一聊這話題，或許在許多工作到迷惘的時刻，就能夠想起些什麼，好讓自己知道該如何調整方向。

我的工作哲學有兩個，一是承擔，二是假裝。

承擔比較老派，但也很好懂，就是承擔自己的職位。

「承」是承諾，「擔」是擔當，也就是這個職位在我身上，我要承諾一切由我擔當。

工作上最常遇到責任難以分清的問題，有些事不屬於自己的工作，有些事不是自己就能決定，於是我們習慣分責，把看起來與自己不相關的事情分出去。

沒有人認為自己是不負責任的人，只是認為許多事不是我們的責任。

面對這類的事，我會承擔——只要那「看起來」像是我的責任。

因為我想要承擔自己的職涯，也承擔自己的人生。

再說到假裝，這不僅是工作哲學，更可以說是我追求夢想的哲學了。

小時候，我很常假裝在父母房間睡著，這樣他們就會把我抱回我自己的房間，我喜歡那種被抱著回去的感覺。

有時裝睡，就真的睡著了。

國中時，同學很喜歡假裝抽菸，感覺很帥。然後某一天，就看到他們真的離不開菸了。

高中時，很流行假裝談戀愛，就是我們假裝當情侶一個月試試，一個月後再決定要不要交往。結果我所知的所有朋友，都用這一招真的交往了至少半年以上。

假裝會當真，假裝會成真。假裝看起來很假，但行動是真的。

當然，也會發生假裝認真上班，其實是在打混；假裝讀書，其實只是亂翻書，根本沒讀進去的情況。

是啊，假裝不是每次都會成真，有時候假得不夠認真，還是會失敗的。

但我喜歡先假裝自己會，然後拚命地讓自己真的會。

第一次講課時，我假裝自己很會講課，把那份簡報練了上百次，真的練會了。第一次上課的學生也覺得我好像真的很會。

第一次開公司時，我假裝自己會經營公司，然後努力讀了好多經營管理書，到現在公司還好好的。

我們一定有很多東西是第一次碰到、第一次接觸，如果沒經驗怎麼辦？我會先假裝自己有經驗，然後看看真有經驗的人都具備什麼條件，拚命地去補足那些條件。

假裝這字眼聽起來很難聽，事實上就是勇敢嘗試與換位思考而已。我會想：「如果我是很會的人，我該做什麼？我現在要做什麼？」然後鼓起勇氣，像是已經會的人那樣，放手去做。

很簡單的事，靠行動改變想法，靠外在改變內在。先假裝就好了。但這種假裝，不是要騙別人的，是要騙過自己的。

可能還沒成功，但假裝自己是成功人士，就必須每天真的早起，真的運動，真的讀書，真的嘗試開始自己的事業。

可以還沒瘦下來，但假裝自己瘦了，於是吃得少，運動得多，飲食有節制，熱量有控制。覺得自己真的好瘦，就真的會瘦。

假裝自己已經是了，就會往是的方向前進。

這個方法很好用，也不難，只要假裝就好了。而且很多事都用得上。
假裝自己放下了某個傷痛，過好自己的生活。
假裝自己不在乎那些流言蜚語，專注於自己在乎的事。
假裝自己是個快樂的人，總做讓自己快樂的事。
生活很假，但我們裝得很像不知道這件事。
好讓我們可以活得很真。

PART
2

叮咚！提醒人生待辦
——寫給跑不停的你

人生不一定是馬拉松……

只要還在跑，就沒有輸。

你一直在贏。

Letter

16 任何事都是在談戀愛

嗨嗨，你談過戀愛嗎？

我喜歡用戀愛來比喻事情，寫作也好，經營公司也好，做行銷也好。除了這話題大家都能懂之外，也是我自己的信念。

要與世界談戀愛，才會愈來愈愛這世界。

所以我做任何事，都用戀愛的態度來面對。

陌生的緣分是否有機會成為一段關係？不對眼的人是哪裡出問題？在一起好久，厭倦了該怎麼辦……很多事情，想著是談戀愛就懂了，也能說服自己了。

「沒成交的客戶，你們不來電啦。」

「原本的客戶跑去別家了，就是分手無縫接軌，有許多跡象顯示他都快離開了，你還神經那麼大條。」

「行銷沒人理你，就是要自我充電嘛，學那些把妹的小招式都是一時，把自己變得有吸引力才是真的。」

還有很多很多……沒人愛我們時，要做的不是討厭這世界，而是換個世界看看。

不是有那種「跳脫了原本的生活圈之後，才發覺自己原來滿有魅力」的人嗎？

有些魅力是人人都喜歡，有些魅力則只有特別的人能欣賞。

要先認識自己，才能夠讓別人想認識自己，也才能夠去認識別人，去愛別人，得到愛。

如何？一這麼想，生活就變得很特別了吧，到處都是戀愛般的氣息。

當然，戀愛不總是美好的。

但有些浪漫，是你一定給得起的。

不管幾歲，都希望你記起戀愛的感覺，那是曾經最讓你悸動的期待，也曾是你天天盼望的心情。

我們都還夠年輕，足夠愛上任何事。

Letter

17 休息也是工作

嗨嗨，你還記得自己上一次休息，是什麼時候嗎？

聽過一些人的工作，是下班也需要待命的，俗稱 On Call，意即要隨傳隨到。

一開始，我心想，要是我面試時就知道這件事，才不會做呢。

呵呵，後來管理粉專，下班後還是要回訊息，現在創業當老闆，任何時候都要回訊息。

啊，有些事說起來可笑，但做起來，才發覺真的滿好笑的。

一個笑是，我們對於許多事，總是帶有成見，像是工作這件事。

另一個笑是，我們終究會用許多方式，去說服自己的。

不知道你看到這，會不會馬上想到：「天啊，連休息都要變成工作，那該多累啊！」

這個意識，就是把工作當成是很累、很辛苦的事，才會這麼覺得。

如果連假四天都拚命地玩，熬夜地玩，動物森友會也好，犁丁也好。這麼玩四天後，起床迎接工作，有覺得比較輕鬆爽快嗎？

沒有輕鬆的感覺，就不是休息，不論是玩得很累，還是上班很累。

任何事都是工作，到公司上班是工作，陪家人說話是工作，念故事給小朋友聽是工作，記得吃飯是工作，好好睡覺也是工作。

有這些工作，才構起我們的人生，也才能獲得我們想要的樂趣。

這時代很多看起來是休息的事情，也是在工作，像是遊戲的每日任務、例行活動，一樣要準點上線執行。

或許看起來很有樂趣，但是玩下來，也會覺得疲累。

而為什麼我們會覺得工作很累，卻沒意識到這些休息的累呢？

因為我們認為，工作是別人叫我做的，不然誰想工作啊！

也難怪只有老闆們會自己拚命工作，因為大多數創業是自己腦子熱嘛！

我管理粉專時，會把粉專當作自己的，於是下班回粉專訊息，也不覺得累，反而心想：「哇，終於有人與我互動了。」

我在家回客戶訊息時，也不覺得累，會認為：「現在市場這樣，還有人要問我訊息，真是太棒了。」

人生都很累，連休息也很累，那希望我們累得有價值與心甘情願。

休息也是工作，要把休息當工作一樣，排進行程裡。把日子過得愜意自在，讓別人知道自己行有所餘。

休息不一定是放假，或是要離職一段時間。

我希望你感受到的休息，是真的感受到自己在復原的過程。一點一滴恢復對生活的熱情、對事物的好奇心、對周遭的感知力、對自我的認同感……

讓自己每一次休息，都擁有晉升的條件。

成為休息組長、復原經理、回復副總、回神總經理……

讓休息成為日常的目標之一，讓工作成為達成目標的手段。

做有成就感工作，做有復原力的休息。

如果上班覺得有力氣且有目標，那恭喜你，你的工作是好的，你選擇的是好的。

希望你有記得休息，希望你有記得選擇。

希望不論假日還是工作日，你都能期待每日。

Letter 18 不用在意跑不遠的方法

嗨嗨，你覺得自己這禮拜有更進步嗎？

這問題是不是很逼人？

我曾經加入某個學習群組，裡面會有主持人天天問：「你今天更進步了嗎？」待了兩個禮拜，我就忍不住退出了。

太假了。

大多數時候，我們只可能每天更胖一點，但很難每天更進步一點，很可能光是維持不退步，就已耗費了心力。

學生時期是我們每天都進步一點的象徵，好像每天都多學了幾個單字、多背了幾個公式，還多了解了幾個古人的心境。

出社會後，美其名更進步，大多數只是每天多看了一篇文章，多點了幾個讚。

多開幾小時會議是進步嗎？多打幾通電話是進步嗎？多出差兩次是進步嗎？我不確定，可能是，但我相信更多是消耗。

現在追求快速進步、光速成長的理論不少，我們總希望能進步快一點、成長多一點，最好一夜長大、一夜爆富，成為自己想要的人。

但在大多數情況下，我們都沒有辦法一夜長大，倒是有一夜蒼老的；而一夜爆富的少，一夜落貧的多。

這世界追求的快速成長，最後都成為了假象。說服自己進步了，好像今晚就能睡好一點。

不論是年長還是年輕的朋友，每個人都有大大小小的焦慮。

如同一開始我寫些文案案例、行銷分析的內容，以書信叨叨絮絮的方式寄給信友，可能過去也沒什麼人有耐心閱讀。

我要說句實話，那些案例、分析，並不會幫助誰成長多少，而耐心閱讀這些信件的每個當下，才是進步的可能。

我不是要你跑得很快，我希望幫你跑得很久。

說到跑步，小時候的我被稱為飛毛腿，在班上，跑步成績都是前三名。

高中踢足球時，我也自信自己追球快，運球快。

但我體力很差，上場十五分鐘就氣喘吁吁，下場休息。

我羨慕那些能待在場上九十分鐘的人，他們創造了我六倍的價值，也有六倍的時間被人記住。

開始寫作後，我曾驕傲自己一日萬字。十萬字小說，十天就寫完了。

但寫完後，我大概有一個禮拜不太想打字。

剛當講師時，我曾在一天內於台中講課三小時，下課後再坐車到台北講課兩小時。也曾連續三天，每天六小時，馬不停蹄地授課。

然後我的腳就得筋膜炎，困擾我一年之久。

我的個性比較溫慢，要快速反應的遊戲都不太適合我，但在某些時刻，我也被逼著要快快快。快一點，不然就會被淘汰。

市場很快，你要轉型更快；世界很快，你要變得更快；創業很難，你要進步更快……明明我們就都很喜歡金城武的那句：「世界愈快，心則慢。」不是嗎？

我們放不慢自己的速度，最後身體會告訴我們：「你只能跑這麼快。」再跑下去，並不會更快，只會更早壞掉。

想學寫作的人，我都會建議不要每天寫，會寫乾自己；也不要一次寫很多，會寫傷自己。

要慢慢寫，一天五十、一百、三百、五百字，然後停在一千字，一個禮拜三次就好，習慣了再做到五次，順暢且開心後，當然可以每天寫。

不要一開始就發願，說自己要「開始」每天寫千字，然後持續多久。即使真的做到了，在那之後，你可能也不會再寫了。太可惜了。

快有極限，久卻沒有。

比起曾做過什麼，我更在意現在還在做什麼。例如我曾打過籃球，但不會說自己是籃球選手；我也曾畫畫，但不會說自己是畫家；我還寫過小說與詩，但不會說自己是小說家與詩人。

我曾做過，不代表我會做。我能夠一直做下去的，才是我會做的。

不要急著做到什麼，要想著什麼能夠一直做。

所謂找到自己人生的熱情，並不是要急著去燃燒自己，也不是願意拚命的就是熱情。而是願意為這件事找到能一直做一直做也不膩，還要健康長壽做下去的方式。

這才是熱情，這才是拚命，用一輩子的命去拚出自己的藍圖遠景。

不要只是在眼前揮灑，不要總是短暫衝刺就覺得盡力了。

跑快一點，不會讓我們贏多少人。要跑久一點，才能跑遠一點，才能跑長一點，才會跑到別人追不上，才會真正地贏過很多人。

人生不一定是馬拉松，不會有終點告訴我們完成了，贏了多少人。

但人生一定夠長，長到讓我們看見自己的累積，長到能讓別人看見我們還在跑。

只要還在跑，就沒有輸。

你一直在贏。

Letter

19 不要讓恐懼成為行動的理由

過去幾年裡，你曾因疫情而害怕嗎？

恐懼，是我當時面對疫情時，最常冒出來的表情。而我盡量找其他臉色包裝它，如焦慮、煩躁，甚至一點點的憤怒，來掩飾色彩更為強烈的恐懼。

如果當時假裝歡樂，或一點都不在意，我想是不可能的。要不騙自己，不然就是騙別人。

我想要真誠點，所以想來說說恐懼。

恐懼與害怕、擔憂不太一樣，恐懼是帶著隨機性的不安感，像是腳上的地板會被抽走，但不知道什麼時候發生。

害怕可能是直接迎面而來的危險，擔憂則是某件未來確定會發生的事。隨機性的不安感，如同害怕蟑螂，而剛好蟑螂在面前閃過，就再也找不到了，那整晚都會在恐懼之中。

這是我認為的恐懼。

身邊如果有情緒化、可能突然暴怒的對象，會讓人恐懼；這樣的對象在辦公室裡的話，人就會開始不想上班，那微微的恐懼感會使人退卻。

社會環境如果讓人感覺不安穩，那我們就會開始害怕生活，每天起床也不知道該不該努力，夢想還要不要追求。

恐懼的人無法思考太遠的事，只能想著當下，過好今天就好，因為不知道什麼時候會被恐懼吞噬。

在疫情剛開始那一陣子，每天都有人問我，不緊張嗎？不害怕嗎？不恐懼嗎？

答案都是會會會，當然緊張害怕又恐懼啊！只是我選擇表現出另一面而已，且我認為恐懼應該是自己的事，並不希望將恐懼散播給他人。

恐懼很好用的，因為人們一恐懼就容易喪失判斷力，進而容易被導引行為。說「喝醋、吃蒜、打坐能增強抵抗力，讓人百毒不侵」，都會被相信。

然而恐懼不該是武器，也不該是商品。

我們無法阻止別人散播恐懼，但可以讓自己避免被恐懼利用。

如果看見自己的恐懼，應該感到開心。這代表發現自己真正在乎的是什麼，從而專注當下該做的事。

如果看見別人的恐懼，可以給他一點溫暖。他可能害怕到無法控制自己，只好任恐懼溢散。

如果看見販售恐懼的人，建議小心這樣的人。他們大多不是關心世界或是悲天憫人，而是認為我們可能會因此而聽命於他，受他管控。連恐懼都可以販售，那他們已經無所畏懼，也不在乎我們是否受傷。

如果因擔心自己的事業、工作、生活、目標與夢想受影響而恐懼，這樣的恐懼是正常的，也是應該的。我們總要採取一點行動，無法再像過去一樣生活。

但如果擔心的是有人說某某東西很危險、某某縣市很可怕、某某行為有風險等，那就不必理會。因為那樣的恐懼，大多與我們無關。

難道不用聽聽別人的狀況嗎？不用知道外界的狀況嗎？

當然要，但不用知道恐懼，只要知道事實就好。

這是我面對的方式，我只要知道我現在該做什麼，做好自己可以準備的事，不去購買別人的恐懼。

每個人都收好自己的恐懼，那市場上賣恐懼的人就會面臨滯銷。

當我們都管理好自己，整個環境就會變好了。

明知道你怕蟑螂，卻還是喜歡拿假蟑螂嚇你的人。他不是想與你玩或想訓練你面對蟑螂的勇氣，而是不在乎你的感受。

明知道你怕暗，卻總是喜歡關你的燈，聽你尖叫的聲音。他不是想與你互動，而是不在乎你的恐懼與心情。

我們總有恐懼，所以我們會努力、會小心，為的是讓自己擁有面對恐懼的能力。恐懼也終會過去，我們終會習慣很多事，要相信自己的適應力。

但不要讓恐懼期間所做的事，成為自己未來會後悔的事。

不要讓恐懼，成為行動的理由。

Letter

20 解決問題或許不是最重要的事

嗨嗨，你最近解決了哪些問題呢？

我很常懷念小時候無憂無慮的生活，也懷念學生時期，單純為一些小事煩惱的樣子。

當時每天的問題，大概就是今天要玩什麼、有什麼可以吃的、班上那個誰居然不與我說話、好希望和某某分成一組……

對於課業比較認真的人，或許還會煩惱每一科考試、解題方式、出題方向吧。

不管如何，對比出社會後遇到的問題，回想起過去，都會覺得以前的問題很簡單、很好解決，甚至不需要解決。一次考不好，也不會怎樣；沒與那個人在一起，以後也會遇到更多人。

文案寫久了，養成了工作的慣性，一拿到新產品，或接到某種需求，總會先往兩個方向思考：

一是這產品可以解決什麼問題？誰需要這樣的產品？

二是這樣的人會遇到什麼問題？我們可以怎麼幫他解決？

不論是哪種，我們總喜歡談解決問題，或者是一般人常說的「痛點」。

好多年了，自從踏入社會，我們就在解決老闆的問題、主管的問題、客戶的問題。創業後的我，還要解決夥伴的問題、市場的問題、學生的問題、自己的心情問題……問題問題問題，解決不完。

應該不是只有我發現這件事吧？我們總以為，把這一次的問題處理完，就可以好好休息了，但不久後又會有新問題，甚至自己會跑去找問題。

我每次都會對白露說：「忙完這一陣子，想好好休息一下。」但從年初說到年尾，每忙完一陣就有下一陣。當今天行事曆比較空一點時，就會有其他的會議與煩惱安插進來。

解決問題的路上，彷彿永無止盡，一個問題還有下個問題，這問題沒解決好像會很嚴重，又好像不太嚴重，如同覺得每天都很忙，卻還是有些時間可以發廢文、追劇、手遊刷刷刷一樣。

我們到底是在解決「問題」，還是「解決問題」本身，就是個問題？

過往在企業內，我曾想推動關於知識管理的制度，當時還找外部顧問團隊，希望透過系統幫助公司管理知識，解決人才培育、教學指導、知識傳承等問題。

過程中遇到非常多的問題和阻礙，包括預算、資料、必要性和公司流程等。就是在公司內要推動新東西時，會遇到的一切挑戰。

我後來放棄了，壓垮我的最後一根稻草，是當時同事說的一句話：「你造成的問題，會大過你想解決的問題。」

多年後，每當我遇到問題想解決時，我都會想：「這問題真的值得解決嗎？解決這問題的代價，會不會高於解決問題後的價值呢？」

當生活變成一直走在解決問題的路上時，我開始思考：「這樣一直解決問題的生活，是我想要的生活嗎？我想活在這樣的日常嗎？」

答案是：「不，我不想。」

所以我開始改變寫文案的方式，寫的內容盡量不以「幫誰解決問題」為主，也不訴諸「你有問題需要解決」的暗示，更不用「這問題很嚴重，不解決就會很慘」的恐懼去切入。

當然這僅是在我可以控制的範圍內，如果是客戶要求的話，我還是會很敬業地完成。

在生活方面，我也盡量避免發生問題後才去解決，而是去思考「我想要什麼樣的生活方式」。

雖然不一定每次都成功，但漸漸在某些日子，我也能感受到，自己今日過得很滿足。

不一定解決了很多問題，但一定做了很多自己想認真的事，像是寫一個想很久的知識觀點、把一部想看很久的漫畫一口氣看完、整理了看不爽很久的公司資料夾、向一些朋友打招呼、在各個群組聊上一圈……好像也解決了一些問題，但我不再認為是因為要解決問題而做。

我是為了想讓自己更好而做，想讓自己開心而做，也讓自己所希望的未來順暢而做。

過程有時候不一定快樂，也有難過的時刻，像是寫作時需要找資料、思考、修改等，都是痛苦的。

進度有時候也不一定順暢，會有阻礙與錯誤，像是拖延了一個假日沒處理，但下禮拜要準備的課程還是必須補上。

有時候仍有很多問題要解決，要開會、溝通、想辦法、找資源，硬著頭皮解開難題。

並不是完全不解決問題了，而是我放下「解決問題」的快感，讓快樂源自於創造可能，而非排除困難。

這有極大的差別。

以行銷來說，要規畫一場新產品上市活動，過程一定讓人哭到下次絕對不想辦，如果沒離職，就是每天想阻止研發部推出新產品。

舉辦一個活動的過程，保證會有一堆問題需要解決，解決完還有新的問題。解決問題後的價值可能大過於解決的代價，而且價值也是老闆的價值。

老闆會很喜歡新產品上市，誰管執行夥伴滿頭包啊。

但如果是自己創業，自己的新產品要上，會很期待成果，過程上的問題都是雲煙，閉著氣闖過就算了。

世界太多困難，也太多問題，我們永遠解決不完，別讓自己活在解決問題的偉大感之中。

解決問題作為一種能力，應該是為了創造想要的生活，而不是落在問題的循環裡。

說到這裡，有人問：「這不是一樣嗎？」「就差一點點，做的事不是差不多嗎？」

的確是的，生活就是做的事都很像，結果卻大不一樣，我希望記下這微小念頭的轉變。

或許哪一天，我們面對孩子的困惑時，可以對他說：「不是要考一百分而讀書，是因為你想要自己看懂英文論壇的大家在聊什麼。」

不是為了升遷而學習，是因為升遷後可以決定更多事，帶領自己的團隊去達成。

不是為了建立個人品牌才寫作，是因為寫作可以整理思考，記下的歷程也可能讓某個遠方的人因此得到幫助。

很細微的差別，就是人與人之間，最大的不同。

這也是我們創造自己每日不同的起點。

不再有成堆的問題等你解決。

而是你開始創造自己的人生。

Letter

21 走久一點，事情都會好一點

嗨嗨，第二十一封信了耶！

不知道你讀到這裡，感覺如何呢？

可能說了些你不曾碰到過的事，也可能有很多你深感共鳴的事。

但我希望讓你知道，重點不在找答案。閱讀本身，才是意義。

我們不缺答案的，除了今天中午吃什麼，多數答案都在Google上了。

我們不缺老師的，除了偏鄉的孩子，多數都是老師在找學生了。

我們缺的，是一個能說服自己的理由，讓自己信服且甘願的理由。

可以是快樂，可以是家人，可以是夢想，可以是生存……哪個理由讓人更願意行動，就相信它、執行它。

找不到理由，那理由就是去找理由吧，就好像找不到旅行的意義，那離開本身就是意義。

我們常在找方法，像是看看書、看看別人的做法。你可能也曾為了找寫文案、做行銷的方法而看我的文章。看到這，你可能有些失望了。

沒有案例，也沒有神祕技巧，因為方法不在這裡。

如果你從很久以前就看過我的文章，可能知道我的方法了，這方法讓我可以跑很久、寫很久。

但很慢。

很慢很慢，是我喜歡的方法，太快的方法都跑不遠。

剛創業那幾年，我寫文章累積ＳＥＯ（Search Engine Optimization，搜尋引擎最佳化）。當時也在寫的人，現在不寫了。

我經營社團與粉專。當時也開粉專和社團的人，很多都不更新了。

選擇文字這行，本身就是很慢很慢的領域，我們都還在用好幾百年前的字，還在看千年前的內容。

在這裡要快，就容易跌倒，跌進歪路。

只吸引了目光注意，沒留下任何人在意。

學任何東西，都不要學那種看起來很快的方法，要學那些可以走很遠的方法，要向那些走很久還在走的人學。

畢竟人生真的滿長的，跑很快的人，都被一直跑的人追上，且一直跑，身體還比較好。

剛出社會都很急，什麼都想要趕快登科，然後才發現登上危樓，中年搖墜。何必？

走久一點，事情都會好一點。

你一直走，討厭你的人就追不上了。

你一直走，志同道合的人就會看見你了。

你一直走，問題就是解答了。

Letter

22 朋友不是自然而然，都需要刻意使然

嗨嗨，你會不會覺得，出社會後很難交到朋友了呢？

學生時期，總喜歡劃分各種不同朋友界線，有的比較好，有的一般好。後來，就都沒有了。我現在只分「朋友」與「不是朋友」，頂多再依照忙碌的程度，會把朋友歸類成「很有空的朋友」與「很沒空的朋友」。

如果要我給關於友誼的建議，我會說：「放寬交朋友的標準。」

「道不同，不相為謀」是應該的，但總要認識些，才知對方的「道」是什麼吧。

一個分享內容農場文的人，不代表是支持盜用、不尊重原創的人。

一個在政治新聞底下留言的人，不代表是激進、受煽動的側翼。

一個為美女粉專點讚的人，不代表是只看外貌、不尊重女性的人。

這時代的我們，太容易幫人貼標籤了。很多時候，還沒認識就被認識，還沒了解就被放棄了解。總是看著別人的手腳，一有個不順我心的行為，就認為對方是敵人。這樣的交際很累，全世界都找不到朋友的。

連我們自己的知行都會有矛盾了，例如營造上進形象，但假日還是先追劇三小時；說好要理性溝通，但一吵架還是摔盤子。

以前的我很愛誓不兩立，總覺得和某些人會老死不相往來。

結果發現地球很小，台灣更小，心胸要是再小，路真的是走不下去。

久了也發現，對方沒那麼討厭，甚至有些地方還很可愛、很聊得來。可能無法一起工作，但絕對可以一起打電動；可能不會約對方喝咖啡，但會約對方一起看電影。

不是和一個人交朋友，就要接受他的全部。

現在的我對朋友的認定寬了許多，大抵是我們沒仇、有生活上的交集，就是朋友了。

當然，也是會有些不好意思，和別人裝熟這事，我還是臉皮薄，因此稍微被動了些。但每當我對人生有所煩惱或疑問時，我就會翻開朋友清單——也只是臉書或LINE，看看哪些朋友可能可以聊上一餐。和朋友吃完飯，也就感覺到人生又有了動力和目標，起碼會知道，下一次要約什麼時候。

後來我相信，找不到人生的目標時，就找朋友吧。

在許多勸人追夢的書裡，都常說到要多方嘗試、要勇敢努力、要尋求自己內心的聲音……這些方法聽起來有道理，卻依然讓人害怕迷惘吧。

那我就勸每個想要追夢、尋找人生目標的人，先找朋友吧；每個工作上覺得沒意義、覺得累的時刻，先找朋友吧。

找現在的朋友，找未來的朋友，找嚮往的朋友，找那個失敗過的朋友，找也在找朋友路上的朋友。

如果試過一百個目標都不順利，那就找一百個朋友吧。你會發現，找朋友遠比找夢想簡單，卻比夢想更能幫助到你的人生。

朋友不會自然而然就出現，我們都沒有時間去等待那樣的緣分了，因此需要刻意地去找，認真地去找，當作OKR（Objective Key Result，目標關鍵成果）地去找。

找不到，就放寬你對朋友的定義。

找得到，就會加寬你對人生的想像。

找到朋友比找到人生還重要，因為朋友會成為你人生的色彩。

創業後，我更珍惜朋友，會主動去找，認真去約。

說下次吃飯，就真的要約下禮拜二中午十二點的餐廳，訂下去。

說下次再聊，就要發會議邀請，把下次要聊的主題時間寫下去，送出。

說之後有空一起玩，就要打開行事曆看下次連假時間，決定去哪邊。

這樣做之後，朋友變多了，生活變有趣了，工作與夢想也變得更實際且靠近了，日子也更多期待了。

當標籤少了，話題就多了。

正如看到這裡的你，我也希望是朋友。

如果你點頭，那我們就是了。

那我們彼此，就都多一個朋友了。

Letter 23 一些生活小事，就是你的進步方式

嗨嗨，最近有找朋友聊天嗎？

我有一些朋友，久久見一次面，但每次都聊得開心。這是我習慣的交友模式：三個月見一、兩面，每次則聊兩小時以上，交換許多世界與奇異。太常見面的話，就不知道要聊什麼，很怕對方覺得無聊。我是個很不會閒聊的人。

即使一年只見一次面，我也覺得很剛好。

重點不在次數，而是我們見面說的事情。

生活瑣事，社群上都有了。無法放上社群的，才是見面要說的事。

一些朋友曾問我學習的方法，無論文案、商業、親子或面對人生。大多數時候，我說不出什麼神奇的方法，什麼一天吸收多少資訊、筆記術，或是神奇練寫法。真的感受到學習的時刻，大概是做這三件事：

一是與人聊天對話，彷彿在吸收對方的視野一般，在短短對話中就能夠有大幅的收穫。

二是閱讀故事，任何故事都是一段體驗，小說、電影、漫畫、動畫等，每個新故事都讓我度過一段新人生。

最後是雜食知識，如上課、翻工具書、閱讀文章等碎片知識，吸收得最慢，但最常發生。

我相信有更多厲害的人，他們有更好的學習與進步方法，但那不是我的生活方式。我的生活習慣沒什麼大不了，卻也成就了我現在的樣子。

學習別人的生活方式，是有點累人的。例如我寫東西時喜歡聽的音樂，可能你不一定喜歡，那你聽我的音樂，可能就會寫不出來。

一個人休閒時喜歡跑步，一個人喜歡追劇，他們經營的粉專，寫出來的創意就吸引到不同的人。

我真心認為——你的生活方式，就是你的進步方向。用最習慣的方式，朝著想不到的目標前進，這是我認為成長最好的實踐方法。

如果想改變自己現在的生活與個性，就從每天改變一點習慣開始。

原本習慣天天看理財社團、看盤、看財經新聞，改成天天看一部動畫、漫畫、兩集劇，你會成為很有趣的人。

原本在臉書上和別人留言吵架，改成天天在臉書上留言讚美別人，你會成為人緣很好的人。

原本開會時都習慣低頭做自己的事，改成抬頭聽聽他們說的話，做個筆記，結束後找對方聊聊，你會成為公司很重要的人。

習慣習慣，凡是一開始做起來不習慣的事，都是改變的開始。成為習慣後，那就是你的進步方向。

做任何事，不要刻意為之，要潛移默化，要一點一點，不要急，真正的收穫，都會在遠方。

交朋友，不要想著這朋友可以帶給我什麼好處。

找員工，不要想著這員工可以為我賺多少錢。

談感情，不要想著要從這段感情中得到什麼慰藉。

讓這些人、這些事成為你的生活習慣，成為你的日常。原本的生活，就會發生改變。

喜歡運動的朋友，時常拉你去運動，你會發現自己的體力愈來愈好。

喜歡閱讀的朋友，忍不住和你分享書，你會發現自己認識愈來愈多書。

喜歡動漫的朋友，一直推你新番的坑，你會發現自己神奇的知識愈來愈豐富。

然後，你也將成為別人的習慣，成為別人的生活。

你進步了，而且你習慣這樣的進步。

這樣的學習方式，就是我認為效率最高、最長久的方式。

那如果是你，想推薦什麼生活習慣給我呢？

Letter

24 偶爾想一下未來就好

嗨嗨，你今天想到的明天是什麼呢？

這句話很像繞口令吧，但這是我保持生活愉快的一個小技巧。

如果今天不開心，就想一想明天吧。

如果今天不順利，就想，反正明天很快就來了嘛。

有明天，就是一件讓人期待的事。

有些人很擔心未來，一直害怕未來會怎樣怎樣，工作時擔心下禮拜的報告，離職後擔心下個月的薪水，剛戀愛就擔心分手，剛結婚就擔心外遇……

做什麼事都喊著要為未來著想，即使此刻連一頓午餐都決定不了。

在行銷上，有些人則一點都不擔心未來，總認為現在好就好。只賺快錢的，總是想著賺一波就跑，不在乎什麼品牌經營，反正現在有業績最重要。

我們真的能把未來與現在分開嗎？未來不就是明天的現在嗎？

不管怎麼選擇，未來都會到來的。

只是到達怎樣的未來，我們現在就該決定了。

我的建議是：「永遠先顧好當下，偶爾想一下未來。」

先不要想找份有未來的工作，而是先找到能養活自己的工作。

先不要想找個能共度一生的人，而是找到能自在相處的人。

先不要想研發個改變世界的產品，而是先做出能賣給第一個人的產品。

先別想一個月後胖了怎麼辦，而是先為今天的鬱悶點一杯飲料。

總是這樣，先顧好當下，當下好了，這才是最重要的。

那什麼時候想未來呢？偶爾想一下，把那個偶爾當作儀式般地進行。

例如每個月領薪水時，想一下這份工作的未來是什麼。

與身邊對象慶祝交往紀念日時，想一下兩個人的未來是什麼。

每當產品有客訴時，處理完客訴，想一下這個品牌的未來是什麼。

想，不只是空想而已。每想到一次未來，就調整一下現在的做法。一點一點，那未來也就不會太遠。

促銷時，想一下未來還要繼續靠促銷才能賣出產品嗎？

把工作推給別人時，想一下未來還能夠這樣推嗎？自己真的有從中學到什麼嗎？

抱怨完生活與環境後，想一下未來還想過這樣的日子嗎？是不是能夠有些改變呢？

未來不遠，就是現在的每個行為，造就了未來的我們。

人難改命，因為我們總是認為，命運是某次關鍵選擇。

而當我們回頭看，會發現，原來每次選擇都是關鍵。

人不會一下子改變，但會一點一滴改進。

未來很乖的，只要偶爾想一下，真的偶爾就好，未來就不一樣了，我們每件事的未來就不一樣了。

今天會很長，但明天也不遠。

煩惱今天的事就好了，認真做好今天的事就好。
偶爾抬起頭，看一下未來的方向。
就可以繼續低頭往前，奔向你想要的未來。

Letter

25 不夠了解自己，才能了解自己

嗨嗨，你很了解自己嗎？

以前的我很喜歡吃早餐，每天的早餐與咖啡，可說是我一天的期待。那種期待，是前一天睡覺時就會開始思考：「隔天要吃什麼早餐呢？」想到了之後，就滿意地入睡。

不過現在的我，差不多快一年沒有吃早餐了，一天兩餐，中午才開始吃東西。

曾以為自己不可能不吃早餐，如今的我，沒吃早餐也有點習慣了。

我們都很常誤會過自己吧。

像我曾以為自己是愛運動的人，高中時期，我加入足球社，覺得自己會踢一輩子足球。後來某次踢球時，一腳大拇趾的趾甲掀翻了，待傷好後，我就沒再踢過一場球賽了。

我也曾以為自己是很喜歡旅遊的人，第一次一個人去東部旅行時，認為之後會一直旅行下去。後來出了社會，假日只想待在家裡睡覺；又或是出門看場電影，就是我旅遊的終點了。

我誤會過自己太多次，以致於我都不好意思對別人說些承諾。

像是承諾我絕不遲到，但某次鬧鐘設定錯誤時，還是遲到了。

像是小孩出生前，當時還說我一定會每晚陪他們說故事，後來只做到一個禮拜三、四次。

對於了解自己，我們還差很遠。

我們都只了解自己想做的事，而沒有了解自己能做的事。

只想做自己喜歡的事，又不敢確定自己真的喜歡哪一件事，害怕那件事的困難度要是太高，就成為不太喜歡的事了。

很多朋友會問我一些工作、感情、生活與職涯問題。但很多時候，對方在問出口的那刻，就已經知道答案了。

該不該離職？你希望有人支持你，那你已經支持自己了。

該不該離開他？你希望有人對你說他不好，那你已經告訴自己了。

該不該留下來？你希望有人向你保證，那你已經在給自己保證了。

別人的意見是一面鏡子，如果回答的是我們心中想要的，我們就會覺得這鏡子真好。

要是答案不是我們想要的，我們只會說：「這鏡子髒了。」

了解自己，是最困難的工作，且沒有人可以分組幫誰做。

那些心理測驗、性向測驗、星座分析，都是鏡子。當我們看到解析後，只會說一句：「這不準。」

答案已經在我們心中躺著，只是我們常常不敢拾起。

因為知道答案後，就沒有理由不付出行動了。

知道答案後，就無法為自己找藉口了。

知道答案，就要面對真實了。

了解自己，很殘酷的。

我們可能不夠好，我們可能沒有想像中的厲害，我們可能比自以為的要差上一百倍。

自以為開發的商品會大賣，廣告後卻乏人問津，只能怪罪是廣告不好、設計不好、文案不好。

覺得自己的知識很寶貴，結果開了課都沒有人要報名，連免費都沒有人願意花時間來，只好怪現代人不重視專業。

認為自己很會寫東西，只是沒認真在寫而已。真的開了個粉專寫東西，卻沒有人看，只好感嘆大眾都沒有耐心了。

知道這些事實後，真的很難過。

但也正因為如此，我們才能開始努力，才能開始成長，才能讓真實的自己與想像中的自己愈來愈近、愈來愈像。

把別人的建議都當作資源，而不是當作方向，刻苦地為自己心中的答案努力。

不要成為別人想要的你，不要照別人想要的樣子去努力。

要成為自己滿意、別人也認識的你。
要把答案捉在自己手中。
當做到的那刻，你才會為自己開心。
你才是你自己。

Letter

26

過去是為了讓我們浪費才存在的

嗨嗨，寫這封信時，正值冬日，也是一年之初，你有什麼期待嗎？

冬天要起床，對我而言很困難，我是很怕冷也很討厭冬天的人。但起床後，這也不過是我們日常的一天而已，這禮拜的我們與上禮拜沒差多少，大概只是衣服多穿了一些。

自從時間把我們的生活切割之後，我們擁有的第一個心情，就是期待。能夠準確地期待某個時間點會發生的事，例如明天晚餐要吃大餐，下禮拜要尾牙，再下個月要放長假等。

但這也讓我們開始害怕，怕自己浪費時間。例如連假三天，原本可能想要寫篇回顧文，再寫篇新年許願文，但太冷了只好躲在棉被裡追劇，把累積沒看的劇都追完了。一回神，三天連假過去，有點懊惱自己沒做成什麼事，一如既往。

人被要求到很緊迫，社群平台興起後，更被要求到很焦慮，休息時看見別人上進，忍不住也想做點什麼。

去年六月畢業的新鮮人，有人已經工作半年了，也有人還在找工作。看著同學已熟練地抱怨上班壓力、懷疑職涯選擇，自己卻連選擇都還沒開始。年近三十的職場老鳥，有人開始自己的事業，有人開始授課當KOL（Key Opinion Leader，關鍵意見領袖），也有人還在職場中不確定。原本覺得自己還可以，但看了別人，便覺得自己落後許多。

有些事，我們總想早點知道，但早點知道以後也不會做什麼。如同虛擬貨幣超過一萬時，有些人恨自己沒跟上，結果依然沒行動，後來超過兩、三萬，回不去了。

說這些，到底要說什麼呢？

我想說：「浪費是不好的，但浪費時間是好的。」

因為當我們意識到時間是被「浪費」時，代表著我們知道時間該怎麼用才會「不浪費」，才叫「珍惜時間」。

結算了公司一整年的營收狀況，發覺比前年少了些。我認為是正常的，我們並沒有厲害到能逆勢成長，能維持少許獲利就算萬幸。

那去年一整年，是不是都「浪費」了呢？拚了一整年，卻賺得更少，那去年的學習計畫、成長計畫，是不是都浪費了？

想起我聽過的一個小故事：一家人有兩個孩子，一個孩子滿十八歲，另一個滿二十歲。晚餐後，全家圍在一起看照片，翻到爸媽生完老二時拍的一些照片——一樣是這個家，一樣是四個人，一樣的機車與環境，看起來沒有太多改變。

小孩好奇問爸爸：「我們家好像和幾十年前差不多。」

爸爸說：「嗯，都差不多，就是有些傢俱換新了。」

「那這幾年是不是浪費了？經過這麼多年，卻沒什麼進步，也沒有賺到什麼。」

「怎麼會呢？經過這幾十年，你們兩個長大了，我和媽媽老了，我們也都有出去玩，也都有吃到飯，偶爾還吃了大餐，你們都有讀到自己喜歡的學校，也買了些喜歡的衣服、玩具，一家人還出國了幾次，這些都是我們賺到的啊。」

光是成功地再活過一年，就是賺到了。

公司是，人也是。我們每一天都在消耗資源，有時候不一定今年會比去年好，因為市場變化的速度可能高於我們成長的速度。

但我們的職涯多了一年經驗、我們的作品多了一年的累積，我們的感情多了一年的相處，扣除掉這些，我們還有留下一點錢，這就是賺到了。

所有的過去，都是我們生存的必要條件。

經營公司品牌，不會總在成長，一定會有數字倒退、營收下滑的時候，那並不代表我們失敗，只是不夠成功。

每天的轉換率高高低低，不代表我們的銷售漏斗有問題，而是漏斗總會卡幾粒沙子滑不動，我們需要一點時間去推動。

在公司上班拿薪水，也不會總是在加薪，偶爾也可能減薪，不是自己退步了，只是別人進步更快，市場變化更快。

如果覺得過去浪費了，那正好可以更珍惜未來一些。

如果意識到自己退步一點了，那正好可以再積極進步一點。

過去，是為了讓我們浪費才存在的，也是為了提醒我們現在該前進而存在的。

浪費時間上了一門很糟的課，我們學會了如何珍惜好課。

浪費時間開了沒效率的會議，我們學會了更好的開會方式，肉體也休息了一下。

浪費時間和錯的人交往，從今以後我們更知道自己的感情觀。

過去是過去了，而過去也沒有過去，它存在我們的身體裡、回憶裡，成為我們未來的一部分。

浪費一點過去也沒關係，未來會比較懂得珍惜。

二〇二〇的全球變動，造成很多人被迫在原地空轉，甚至倒退。從成果上來看，我們浪費了不少，但我們理解了更多值得珍惜的事。

珍惜我們還在一起，珍惜我們撐下來了，珍惜我們學會如何應對了。

這些珍惜，會讓我們接下來過得更好。
那接下來，就更值得期待。
好好生活，都是累積，沒有浪費。
那就是我們最好的準備。

Letter

27 不是所有美好，都該握在手裡

嗨嗨，你上班時開心嗎？

一般來說，找到工作後都很開心，但上班好一陣子後，就會覺得不太開心。可能是因為同事、主管、工作內容，但也不到要憤而離職的地步，畢竟可能薪水還可以，有些同事還可以，有些工作內容還可以。

沒有每一項都很好，也沒有每一項都很差，所以只好一邊不開心地抱怨著，一邊留在工作上。

有點貪心這樣。

人最貪心的時候，是什麼時候呢？

是童年在地上打滾，要大人買東西的時候嗎？

是學生時期，覺得青春無敵，做什麼都可以的時候嗎？

是出社會後，覺得自己還年輕，想多嘗試不同工作的時候嗎？

是中壯年，覺得有了資源和歷練，想開創自己事業與成就的時候嗎？

可能都是，也不是。貪心不以人生階段區分，而是每分每秒都會發生。

我認為人最貪心的時候，是「想把所有美好都握在手上」的時刻。

我小時候很任性，東西總喜歡新的，且不喜歡別人替我拆封。有次拿到一包全新的仙女棒，但表姐沒經我同意，就先打開了，拿出一支點燃。

那小小花火燃起了我的不甘與不滿，我把整包仙女棒都丟在地上，賭氣地到一旁，不想玩了。另一個表姐撿起落在地上的仙女棒說：「好可惜，都還可以玩呢。」

在我的小小世界裡，那包仙女棒最美好的時刻沒了，於是剩下的，我也不要了。

我印象很深刻，長大後回想，真想去掐當時的自己，這任性的臭小孩。

長大後我學的東西不多，但學得最痛的事，就是我沒辦法擁有每一個美好。有那麼多的美好，我都錯過了。

某個班上的女同學、某個很喜歡的老師、某個我想去的景點、某個我嚮往的工作、某個我想一起工作的夥伴……好多好多，來不及抓住。

但再回想過去時，哀傷嗎？我想起那些錯過的美好，有些遺憾，卻沒有哀傷的感受。

或者說，更多是微笑與感謝。那些沒有握在手裡的美好，成為另一段故事的開端。正因為沒有握在手裡，所以那一瞬間，永恆美好。

美好是很脆弱的，一握在手裡就會破。

以前看見美好，總是奮力追求，像是覺得某人是我一生的最愛，錯過後將不再愛其他人。

覺得某份工作就是我一生的志業，要是沒上那間公司，人生就停滯了。

覺得此生必做一百件事、必去一百個景點、必讀一百本書……錯過就不圓滿了。

所以我們高度期待、焦慮煩躁。待我們真的得到時……

「也還好嘛。」

通常是將美好握在手上那刻，最容易說出口的話。

看過一些人做行銷，總期待找誰合作。真的合作後，也覺得還好。

很多人創業開公司，真的做到年收上億甚至上市後，也覺得還好。

更多人看了期待許久的書、電影、景點和人後，也覺得還好。

真的還好，美好握在手裡，就是還好了。

成熟的欣賞，就是我們能夠遠望，而不打擾。

望著的，將盡是美好；讓雙手抓太多東西，會無法控制自己的力道，有些美好就會破碎了。

不要總想著愛情事業兩得意，不要總想著生活工作全平衡，不要總想著每個人都把你當好人，不要只想著追尋更多美好。

你要珍惜自己手上的好，擦亮還留在你手上的好。

那些好，就總會在你手上。

更多的美好，會留在你心上。

Letter

28 我們能改變命運嗎？

嗨嗨，你相信命運嗎？

年輕時，我是不信的。我想很多年輕人都一樣，什麼都不信，只信自己有無限可能。

總以為是自己還沒開始拚，只要願意拚，就一定可以做到「認真起來，連自己都會嚇到」的程度。直到第一次遇見「不可能」的高牆，發現世界上有些事，是永遠無法跨越的門檻。

我的第一個不可能，是發現不管怎麼跑，都跑不贏班上那個第一名。

小學時，我被稱過飛毛腿。小三、小四的百公尺賽跑，大概都能夠拿到二、三名。當時以為自己只要再長大一點，就能夠贏前面的人了。結果忘了別人也會長大，第一名發育得比我還快，小六畢業後，我已經掉出了前五名。

體能上的不可能，大多還能夠說服自己，但腦袋上的不可能，就比較難受了。

高中時，我的成績是前三名，曾得過一次第一名，後來就再也沒有了。班上另一位同學追了上來，從此霸占第一名的位置。當時我以為我只要拚一點，畢業前一定能超過他。

結果一樣，最後一次大考，我是第二名，而他依然是第一名。

那是讓我很挫折的經驗，我意識到一面不可能的高牆，不是我幾天熬夜讀書或下定決心努力，就能跨過的領域。

人生就是人生，不是某部電影或動畫，吶喊著愛與勇氣，再加上眼淚，就會有美好結局。

大多數時候，更像是一部老漫畫，如《灌籃高手》那樣。

花盡力氣打贏某一場值得紀念、熱血沸騰的比賽後，精疲力盡，輸在終點，且後來的比賽，再也沒人記得。

永遠沒拿過冠軍，我們開始知道有些事，就是不可能。像是命運。

我曾在公司群組裡分享我的紫微命盤，也曾在個人臉書上說這件事，甚至公開我的人類圖。這引起一些朋友的驚訝，還有朋友問我，是不是已經看透了人生。

人生當然無法看透，而我更像是看重我自己，勝於被定義。

我還是知道人生有很多不可能，不過我更知道自己做了多少可能。

不說改命強運，就問自己有把命運最好的樣子活出來了嗎？

不說避免厄運，就問自己是否能保持動力，撐過命運中的低谷？

如果在最好與最壞，我們都能夠清楚自己的腳步，那即使命運不改，我們的一生也是再好不過。

反之，如果不管最好最壞，我們總是擔心命運作弄，那即使逆天改命，一生依然惴惴不安。

我相信命運，因為天地不變，且與我無關。我是沙數微塵，不足天地為我客製，只能迎天地幻化而行。

我也不信命運，因為手腳在我，心腦在動。世界之大，定有我可奮力之處；每一道爪痕，都將見證我挖開的道路。

很多事情可說是命運，又不像命運。因為我沒感覺到被操控，但又有些身不由己的責任要揹。

但是人生不都這樣嗎？凡有一點牽掛，就覺得是命運捉弄；只要奮力有為，就覺得此命由我。

命運這話題從來不輕。最終還是要探討，我們能改變命運嗎？

你相信命運，那就相信你可以得到命運最好的樣貌。

你不信命運，那就把自己過成不受命運掌控的模樣。

從「問命運」這件事開始，我們就在改變的路上了。

不論如何定義命運，你已經開始思考自己的路可以如何不同。

不論之後會如何行動，你都是在造自己的命，拚自己的運。

你顧好自己，就是命運最好的成果。

Letter 29 夢想成真是什麼？

嗨嗨，你曾夢想成真過嗎？

許多朋友都曾和我分享關於夢想的事，可能是夢想與現實間的掙扎，可能是未來夢想的構築，也有些是問我對於他的夢想有沒有什麼建議。

其實對我來說，夢想不是一個時刻的里程碑，而是一段歷程和生活。

擁有一個假期不是夢想，擁有一種生活模式才是夢想。

得到一份工作不是夢想，一直在做喜歡的工作才是夢想。

考上某間大學或創業開公司都不是夢想，研讀自己喜歡的專業，以及用自己的專業服務他人才是夢想。

在我創業兩年後，有點知名度了，許多演講邀請我時，都會問我夢想是不是成真了？感受是什麼？

當下我並不覺得自己夢想成真，但某次付帳，發覺已有條件可以買自己想要的東西時，爽。

後來我更深刻地去體會夢想，寫自己喜歡的內容、出書給別人看，當別人說很棒時，爽。

為客戶寫的案件，一次過稿且客戶誇讚不已，爽。

上課時學員反應良好，課後問卷回饋都是滿分，爽。

與夥伴吃尾牙，大家抽獎開心、領年終開心，過完年沒人提離職，爽。

這些時刻，是夢想成真。

難的是這樣的時刻，要一直延續下去。

很想一直放假，但需要工作。

很想一直做喜歡的事，但喜歡的事不一定一直存在。

很想一直與喜歡的人在一起，但總有現實挑戰，或是壽終正寢。

延續每一個很想，就是最大的夢想。

面對夢想的掙扎時，我們或許可以想想，這個夢可以做多久？這樣的時長對我們來說足夠嗎？值得嗎？代價呢？

在商業的夢上，也該如此看待。例如每一次的行銷活動，不論是用聳動的文案，還是殺到超低的價格，都可以思考一下（值得嗎？代價呢？）。

產品不是賣出去就好，是賣出去後，服務才開始，品牌才開始。

文章也不是發表出去就好，是發表之後，迴響才開始，互動才開始。

夢想成真那一天，夢想才是第一天。

那一刻不是我們的結果，而是起點。

我們的快樂，也才開始湧現。

Letter

30 被成效追著跑的人生

嗨嗨，你今天看成效了嗎？

看到這個問題，只要是個進辦公室的上班族，大概就會馬上轉換成工作腦，思考：「什麼？哪個成效？」

「成效」這個詞，學生時期很少聽到，拆開來是「成果」與「效果」，同義詞是「效益」、「效率」、「功效」等。

出社會後，很多人喜歡談成效，然後持續追逐成效，彷彿成效還有一個同義詞，叫「成功」。成效愈好，就代表愈成功。

成效對我們有什麼影響？

先說行銷、廣告的宣傳成效。如果你還沒遇到，那先恭喜你。看待宣傳相關的成效，最簡單的，是看轉換率與營收，這通常是最有力的數據。可是在某些場合，轉營之間不是直接的關係，甚至看似沒有關聯，事實上影響深遠。

例如客服。客服時常會被掛在行政單位之下，但消費者都知道，客服是很重要的業務單位。

我不只一次因為很好的客服而願意回購，一買再買，還加購新品。也不只十次被客服惹怒，然後發誓再也不買該家商品，且逢人勸退。客服對業績的影響，不是客服進行的當下就會發生，卻實實在在地墊高了營收的底線。有趣的是，從來沒有廣告是在宣傳自家客服的良好，或是客服推出新服務等。

從這一點，我想說看成效的第一個觀念——要看成效，不是從我們的視線看過去，而是要從對方的視線望過來。

我們也許看到購買當下的營收，消費者那方在乎的是收到之後的體驗。

賣後不理是行銷最大的盲點，因為被眼前的成效要求逼急了，顧不了後面的體驗。

站在手扶梯旁要發贈品的服務人員，可能每天被要求要有五十個名單，因此就算打擾你的逛街體驗，也要把試用品塞到你手上。

負責管理粉專的社群行銷，可能被要求這個月要有一千個粉絲的成長，因此就算之後會被降觸及權重，也要辦抽獎吸引殭屍粉。

為了業績達標的遊戲廣告投手，使用了許多種與那遊戲完全不相關的素材，只為了把人騙來，即使對方留下一星評價離開。

我們常常把消費者當成錢包，甚至當成敵人，而忘了付錢的人，應該是相信我們的人才對。

常說行銷要換位思考，那換到消費者的位置後，我們還會用這樣的方式來看待成效嗎？

成效的背後，不該是一堆數字，而是一堆人。

開頭的問句應該是：你今天看見別人了嗎？

你看到那些人的生活與情緒了嗎？

你看到你做的事，對他們的影響了嗎？

能看到別人，就是最好的成效。

我們當然都希望在愈短的時間內看到愈好的成效，一些方法會讓我們覺得很有效，例如看到營收、曝光、數據的成長，看到當下做的事情馬上就有成績，這是我們喜歡的邏輯，也是期待的因果。

可惜更多成果是穿越了長遠的時間，我們必須非常費力，才會看到那細微的連接。

十五歲讀的英文，可能是三十歲的工作機會。

二十歲學的專業，可能是四十歲的創業項目。

二十五歲一起工作的同事，可能是五十歲的創業夥伴。

這是關於成效的第二個觀念——要看成效，須看當下，以及很遠以後。

有些努力是種子，不是每個種子都會發芽，但沒有種下過，就沒有收成的一天。

看待成效，就是在收成，收自己昨天、上個禮拜、上個月、去年、三年前、五年前所種下的種子。

成效不好，代表種子選錯，我們很晚才會發現。

成效不盡理想，代表我們培育種子的方式不對，我們最後才會知道。

每天看成效，就是每天看我們的軌跡，是不是走在希望的路線上。

如果最近成效愈來愈差，不管做什麼都覺得不順利，那可能不是最近的問題，而是上個月、去年的累積。現在就該開始改變，好讓下個月或下一季可以得到更好的成效。

不論是行銷也好，生活也好，我們的努力都不是為了當下，而是那還不知道什麼時候會收成的某一天。

如同我將這些文字送到你手上。

這些種子，在我第一次寫作時就種下了。

最後，會長成什麼呢？

Letter 31 擔心自己被取代，是不懂科技還是不懂自己？

嗨嗨，你擔心自己被取代嗎？

二〇二三年最熱門的話題，大概就是關於ＡＩ創作了。

終於，科技踏進我們的倒數第二道關卡，那個我們曾經自認為獨特無比的創作領域。從繪圖到寫作，我們看見ＡＩ用前所未有的速度在進步，不斷衝擊著我們的日常與專業。

這種焦慮感，大概就像是看見公司年輕人做得比自己優秀，而忍不住說「一代不如一代」、「年輕人就是衝動」、「要懂敬老尊賢啊」的狀態。

但那也是還可以透過情感勒索的方式去逼迫對方就範，或是拿一些莫名的傳統、道德、社會價值觀去約束對方，告訴對方「不要太快超過自己，即使比前輩厲害了，還是要尊重一下」的人情做法。

如今，超過自己的已經不是人，而是技術。除了喊一喊著作權之外，也無能為力。只能看著ＡＩ繼續進步，做出讓人驚豔的作品，而自己還在原地抱著作品，找不到方向。

我想談一談取代。

這是我們年輕時努力、中年時害怕、晚年時無力的焦慮心情。終究會發生，卻怎樣也無法習慣的事情。

每個人終將被取代，這是結論。

但每個人也都無法被取代，這是角度。

從這單一結論到不同角度，代表世界的豐富度，也是我們真正該擔心的事：「我們是不以是單一角度看世界太久了呢？」

讓我從小時候說起。

我們都曾經想過要成為誰、什麼職業，不論是老師、警察、總統，還是歌手、YouTuber、VTuber……隨時代改變，我們想成為的人都不一樣。

直到後來，我們終於也像誰了，然後有別人也想像我們一樣；也可能到後來，我們誰也不像，只能成為自己，於是讓自己過好一點就是日常。更多的是，我們發現自己終究無法成為別人，也不像自己，我們失去了自己，只成為數字與符號。是人口數字之一，是社會上平庸的中產之一，是人群中叫不出名字之一。

我們沒有想過自己是誰，就已經在成長路上，被社會壓力填滿，取代靈魂，成為某個軸承與編號，按時替換，依型號更替。

即使我們努力想成為誰，或是有想成為的自己，但現實總不如人願，千百條路中選錯幾十條路，跌倒超過五次，慢慢偏離了想要的大道，也安慰自己人生條條大路都會通，最後卡在某個位置上，擔心後生可畏。

擔心被取代，因為我們也早已經在原地等待，等某個時刻、事件、人或物，把自己推倒，好讓自己有理由可以說：「不是我的錯，是他不尊重／不在乎／不重視／不關心／不在意我，所以我被取代，好可憐。」

我曾有段時間求生欲很低，大概就是希望自己能出點車禍，或是大病一場躺在醫院，這樣就可以名正言順地什麼都不管，任何失敗都可以說：「我都這樣子了，還要我怎樣？」

當意識到自己這樣的想法有點糟糕時，我開始找些方法修復自己，而不是在原地等待外力來取代我的生活。

曾在一些管理上聽到兩種說法，一是要打造制度，讓每一個員工都能被取代，公司才不會危險；二是要讓制度與流程把老闆取代，老闆才不會總是要卡在公司裡，大家無法成長。

不論如何，我們其實都期待被取代的，只是希望被取代後，拿到的利益不能少；希望能夠躺平，但薪水還是繼續領。

我們在意的不是取代，而是被認為沒有價值後的拋棄。

我們擔心自己的努力不是不夠，而是無效；擔心幾十年來的累積，別人只需要幾個月就達成；擔心一輩子的熱情，比不上技術力的超車；以及最擔心自豪的創意和思考，在數量和效率上不值一提。

我們用自己的角度看世界太久了，忘記這個角度沒有人在意，自己每天眼睛所看的地方沒有人重視。

知道這件事很殘酷，因為我們從小被教導「你是獨特的」，也認為「人是萬物之靈」，還被說「有夢就有無限可能」，這些角度讓我們覺得自己很特別。事實上，大家都特別，就沒人特別了。

我們終將會被取代，被歲月、自己、後浪與科技取代，這是絕對會發生的事。但會不會被遺忘，則是看我們在被取代前所做的努力。

是否曾經在誰的心上留下你的位置？

是否有在哪個工作上留下你的成果？

是否在這世上留下有你名字的作品？

你做的事不會被忘記，那是你刻下的痕跡與影響力，是你在這世界上存在過的紀錄。

或許哪一天，沒有人要找我寫東西了，那我就為自己寫東西，然後拍影片、開直播，繼續分享這些故事與生活。

如果不再需要人畫插圖了，那就把我們的生活畫成漫畫，繼續分享這些特別的日常與少人看見的角落。

更可能的是我們不再需要做每天一樣的工作，那我們正可以好好思考自己想過怎樣的每一天。

不再是一成不變的話，我們想要變成什麼樣子？

這才是讓人害怕的事——我們不知道自由之後，會不會過得更好？

你害怕被取代嗎？

你覺得自己有辦法取代別人嗎？

你會想要取代某人，或被某人、某物取代嗎？

如果真的發生了，會是什麼心情呢？

自由很可怕，因為剩下的就必須自己負責了。

ＡＩ取代了那些讓我們不自由的日常，剩下的，就是我們要想的事了。

如果不需苦思靈感了，我們會想要說什麼？

如果不用再花時間畫細節了，我們會想呈現什麼？

這些回答的背後，才是我們焦慮的事實，也是始終在追尋的答案。

自由後會想做自己，才發現已經忘記自己很久，以及自己原來這麼不可愛，難怪被取代。

希望你也有無可取代的可愛，讓人一直想愛。

PART

3

非廣告的宣傳信
——寫給不被看見的你

你是獨特的。

就該相信，

事情會因你不一樣。

Letter

32 讓老套的劇情，變成你的真實故事

嗨嗨，你會拿現在與過去比較嗎？

每到冬天都會有人說：「今年冬天好奇怪，到現在還是好熱。」突然地咻一下，寒意降臨。前兩天睡覺還在開冷氣的我，今早開始找外套了。

不論春暖秋涼，總會發生，只是每個人的期待不同而已。

很多人看劇、動畫或漫畫長大了，也總會說一句：「故事都很老套。」如果問他：「這故事與之前的一樣嗎？」可能得到「是不太一樣，但也差不多」的回答。

戲劇如此，人生也是如此，我們的故事遠看都很像，近看都不一樣。

當一個朋友分享他的愛情故事時，我們會隱隱覺得，這故事好像在哪發生過。看到網路上人們在抱怨工作上的事情時，可能也會覺得，職場故事不就都一樣。

同理，當我們認為自己怎麼這麼衰，找朋友訴苦完一陣後，可能也只會得到：「你的狀況，我好像在哪聽過。」

每個故事，都不太一樣，但也差不多。

看年長者話當年，我們會覺得都一樣，但仔細聽，其實有各自的精彩。

看年幼者談做自己，我們會覺得都一樣，但仔細想，他們的自己又都有獨特模樣。

再看看自己每天在做的事情，好像和去年都一樣，但明明每件事都不是同一件事。

曾有人問我，好的文案師或行銷人該有什麼樣的觀念？

我會說：「能看見全局的架構，也能發現細微的個體。」

這也是我的人生觀——能看見生命的框架，亦能創造每日的精彩。

因此，當別人第一次說起我曾遇過的事情時，我不會回答：「以後你就習慣了啦。」「你這還好呢，我還遇過更糟的……」

我會說：「你需要幫忙的話，我知道些方法。」

故事雖然都很老套，但每個人都是第一次遇到。遇到後，才會成為記憶與血肉。

如同看過無數個愛情故事，但遇到初戀時，還是無比新奇。

如同一堆人告誡工作點滴，但當真的上班，還是會讚嘆驚奇。

只有當上那個主角，才會知道主角要做出每個決定，該有多不容易。

只有真的去嘗試了，那些老套才會變真實，那些經歷才會成為血肉。

看再多的故事，都比不上體驗一次。

聽再多建議，都比不上一次決心。

當你徬徨時，不必擔心。你不是第一個演這故事的人，總有人能給予你建議。但只有你自己，能決定以後怎麼訴說這故事。

希望你能說出一個讓自己驕傲的故事。

希望你成為故事裡的英雄。

Letter

33 反著走，會比較好走

嗨嗨，你會不會有腦袋卡住的時候呢？

以前總以為萬事都有答案，開始工作後才發覺人生只有糾結和死結，剩下全是後悔。

由於從事接案寫文案的工作，還有在講課，所以面對許多問題，必須有一些方法，才能夠說服客戶與給予學生方向。

我最常用的方法，就是反過來想。

當我接到很特別的商品，想不通什麼人會買這東西時，我會反過來想：

「什麼樣的人不會買這東西呢？」這是刪去法。

當我想不通怎麼會有人喜歡看這影片時，我會反過來想：「什麼樣的人會不喜歡這影片？」這是反證法。

每當遇到困難、沒什麼想法時，我就會把事情反過來想，會好想許多。不是因為反過來真的邏輯比較順，而是因為比較少人會反過來。少人走的路，路會比較好走。

身為教學工作者，我們總喜歡降低門檻，強調某件事誰都學得會。如人人都是音樂家、人人都是藝術家，當然也會強調，人人都可以寫好文案……只要你肯來上課。哈哈，商人的壞習慣。

事實上真的是這樣嗎？很多人一定不相信，那我們反過來想好了。

如果以寫作創作來說，什麼樣的人會寫不好呢？或什麼樣的人不適合寫作呢？我認為有三種人：

第一，每件事都有答案的人。

我覺得這樣的人很厲害，總能給出一個標準答案。如愛情是什麼、活著的意義、人類快樂的根源、商業的本質……不論是多困難的問題，他總能明確地說：「還不簡單？就是錢／生存／吃／錢啊。」

這樣的人活得很直接，他沒有迷惘，沒有懷疑，沒有自我質疑，也沒有好奇。

他可能不再對這世界有求知欲，也不需要探索世界。當我們說想出國看看時，他會說：「有什麼好看的？出國不就是吃吃喝喝。」

當我們想去參加一場講座時，他會說：「有什麼好去的？講座不就講屁話坐。」

當我們想邀他一起看電影時，他會說：「有什麼好看的？電影都是商人洗腦的工具。」

然後，我們就不想和他有然後了。都有答案了，好厲害，也好無趣。

這樣厲害的人，應該無法成為一名創作者。

第二，生活過得很順利的人。

很順利很好，誰都希望生活過得順利。但現實與理想不同，生活有無數的問題等著我們去解決，等著把我們打倒在地。

倒在地上的時候，我就想寫東西，就想告訴別人：「這問題好難，地上好涼，我心情好差。」

我會想到，同樣被打倒在地的人，他們是不是也有這樣的心情？他們怎麼站起來的呢？是吃一頓美食，還是買一台手機？是心愛的人拉他一把，還是獨自掙扎站起？

甚或與我一樣，還躺在地上，享受問題沒被解決的時刻呢？

生活順利的人，沒有這些意外可以想。

這樣順遂的人，可能寫不出感動人的好作品。

第三，只過好自己生活的人。

大家都在過自己的世界，過得好好的，很好。我們也往往尊重別人的世界，互不打擾。你過你的，我過我的，偶有擦身，也是抱歉。

過好自己就好，別人怎樣都不關我的事，也沒有想過要改變別人什麼，反正是他的事，他開心就好。

你買與不買，都沒有差，我沒有想要改變你的想法。

你看與不看，都沒有差，我沒有想要吸引你的目光。

你喜歡不喜歡，都沒有差，我沒有想要把好的一面展現出來。

我們都是自己的小宇宙，你的世界爆炸了，也與我無關，我都尊重你。
這樣的世界，創作可能沒有讓人眼睛一亮的火花。
這些過好自己生活的人，可能不適合做一個創作者。
至於像我這種寫文案的人，凡事沒有答案，總要去尋找；生活過得很不順利，總需要去解決問題；有點愛打擾別人的世界，總想改變別人的想法。
探索世界、解決問題、影響他人，這是我們想做的事，也是該做的事。
我們總在想著更好。
於是總喜歡反著走。
因為那樣看到的世界，總是有不一樣的樂趣。

Letter
34 羨慕自己，你才是你

嗨嗨，你曾經羨慕過別人嗎？

我有時候會滑自己的臉書，以前則是看自己的部落格，看看自己都寫了什麼。看著看著，還會覺得，這人的生活怎麼過得好像很精彩又豐富啊？真令人羨慕。

當然，這只是因為我們記錄下來的，通常都是那些精彩的日子而已。可是翻閱時，會提醒自己：「生活中有這麼多精彩，所以要好好過日子。」

生活過得好這件事，是需要被提醒的。不然就會被更多的煩事、雜事沖刷，忘了那些精彩的事。

曾有人問我，要如何做高單價商品的行銷？如何打造有質感的品牌？

我會分享一個小祕訣：「你要讓人羨慕。」

你要說些生活中的美好，要寫下那些動人的故事，要傳達那些會讓人羨慕的生活模式。

說到這，對方可能還是不太了解，於是我會問：「你覺得自己的生活，過得好嗎？」

通常他們會搖搖頭，工作壓力大啊、經濟壓力啊、感情啊、煩啊。

如果過得這麼不好，都是你在羨慕別人，當然不會讓別人羨慕你。

當沒有人羨慕你的生活，也就沒有人想成為像你一樣的人，那你所經營的品牌或個人風格，就無法成為任何人所追求的目標。

道理說起來簡單，做起來可難了。

因為我們都不知道怎麼過好生活，或者我們以為自己知道。

例如覺得「只要有錢就好了」、「只要不工作就好了」，只要只要……

既然「只要」，那怎麼不盡全力做到呢？

這時候又會出現「可是很難啊」、「可是現在不行啊」，可是可是……到底是「只要」還是「可是」，我都搞不清楚了。

這樣的人，想必我們不會太羨慕他，我們只覺得他好煩，什麼都想要，卻什麼都不敢要。

有時候我們理由很多，那是因為我們也不知道自己真的想要什麼，理由都是說給自己聽的。

每當生活有點迷茫時，我會回頭看看自己的社群，都記錄下些什麼。有什麼事件是我特別記錄下來，寫下心得與分享的呢？

我會去上課，會與孩子玩，會去吃東西，會去找朋友聊天吐苦水。那一張張打卡晒娃、上課心得、美食分享，都是看起來美好又讓人羨慕的生活。

我羨慕自己那些日子，因此我知道，那些是對我而言，美好的日子。

我會再次提醒自己，那是我要的，所以我應該專注這樣的生活。

品牌是生活方式，我們沒辦法打造自己沒生活過的生活。

如果你是個行銷，公司的商品走高級路線，價格很貴。有沒有嘗試理解為什麼會這麼貴，買的人都過怎樣的生活呢？

如果你是個創業者，羨慕別人的品牌很有質感。那自己有沒有過有質感的生活，有沒有在過想要的生活呢？

先讓自己羨慕自己，才能夠讓別人想追隨你。

看看自己的社群媒體上記錄了些什麼生活，會是讓人羨慕的生活嗎？也不是只有吃美食、出去玩才是讓人羨慕的生活，而是那些有起伏的日子。有難過的失敗、開心的成長、憤怒的不甘、欣喜的成就……是我們用心過的每個歷程，才會讓人羨慕。

而不是只晒名車、鈔票、美食而已。

生活，只要有自己的風格，就會有讓人羨慕的時刻。

做行銷如此，過日子如此。

我們雖不是世界的主角，但永遠可以是自己的主宰。

讓自己都羨慕自己，那你才是你。

你的品牌，才會真實，且令人嚮往。

Letter
35 市場不是爭來的

嗨嗨，你爭過市場嗎？

二〇二一年，我們做了「親子日曆」產品。這項產品的宣傳時間都很固定，且集中。九月開始，十一月結束。大量宣傳資源在短時間內投入，讓人覺得怎麼到處都是日曆的訊息？今年日曆好多啊！

的確，每年的日曆真的很多，且愈來愈多。二〇二一年比往年數量大概多一倍以上，而二〇二二年又再多快一倍。

相關夥伴都會說這是「日曆大戰」，很激烈，很競爭。

我從一開始就避開「大戰」的概念，甚至還在籌辦一個「日曆大展」，希望搜羅各種日曆，開箱分享，讓大家都能挑到自己喜歡的風格與主題。

大家在面對市場競爭時，常會以為市場就是一塊蛋糕、一塊餅（來自諸多商管書形容的「市場大餅」），彷彿這是一個具體存在、可分食拿取的東西，拿一塊就少一塊。

在分析市場規模時，總是用圓餅圖去看，然後切割出市占率。例如第一品牌占三四%、第二占二六%，第三占一六%，剩下幾家分食殘餘的市占。

這類的評估方式，看見的是對手。當我們搶占市場，對方少一%，我們就多一%，所以只要緊盯對手就好了。也因此，偶爾會出現攻擊對手的宣傳策略，以為只要對方降，就是我們升。

小時候，我家裡是擺夜市的。印象最深刻的，是當有天氣預報會下雨或颱風時，家裡會出現兩個選擇。

一是出去擺，因為很多攤販肯定不會去，這時候競爭對手少了，我們就多了。

二是不要去，下雨天擺攤很麻煩，也有危險，不要冒這風險。

如果是你，會怎麼選呢？

假如你在做生意，可能就會發現，前面的兩種思考，少了一個東西。

就是「人潮」。

下雨或颱風天，人潮會變少，所以很多攤販才不會去，就算真的出去擺了，也沒有客人，空吹風而已。

人潮不是搶來的，也不是固定不變的。

小時候擺的夜市是台中的中華夜市，現在已經算沒落了。不論有沒有下雨，都沒有過往那麼多人潮了。

很多商圈也是，隨著政策、店租、話題與各種神奇的原因，人潮會漸漸流失、少去，然後沒落。即使打贏所有的競爭對手，也沒有人為你鼓掌了。

市場競爭當然是存在的，但不是最主要的。我們要了解市場，並不是從對手那邊挖市場，而是把更多還不是這市場的人拉進來。

順道一提，我家是不會出去擺的。我爸說，寧願在家睡覺，也不要去給風吹。

回到日曆市場，或許一個人真的會買了A日曆後，就不買B日曆，他的預算就只夠買一個。

但他買了A日曆後，或許會推薦原本沒在買日曆的人，告訴他：「今年有另一款B日曆很適合你，我買A，你買B，我們到時候還可以交換看。」

這樣，市場就又更大一點了。

曾有人問我，寫這麼多免費的文案教學文章，會不會別人看了後，就成為我的競爭對手？又或者看完我的文章，反而去找其他人服務？

可能會吧，但那也不會怎樣，因為這樣代表有多一個人與我一樣在意這個市場了。

經營文案社團時，有人來宣傳課程和自己的服務，夥伴問我要不要刪，我說不用，且我還要去幫忙推薦。

因為這代表，當課程有更多選擇時，大家就更願意上課了。

上課時，我會問大家有沒有上過其他文案課，有同學舉手，說了幾位前輩的課，我都會給予讚許，覺得好認真，很棒。

且上過這麼多課，還願意多上一堂我的課，很感謝。

市場不是向對手爭來的。

對手少賺一塊錢，我們並不會真的多賺一塊錢。

我們也不要只多賺一塊錢，而是要往外去，多賺十塊錢、一百塊錢。

市場要有對手，大家才會覺得這市場好熱鬧、好活絡、好多選擇，要來這邊逛逛，還要帶好多朋友來這邊逛，因為我們都可以在這裡選到自己喜歡的東西。

市場要有好多對手，大家才能夠知道，我的東西真的很好，水準真的很高，貴得很有道理；或是你的東西真的超值，便宜又剛好耐用。

了解市場，首先不要把別人當對手，大家的目標永遠都是更多更多的市場、更多更多的消費者。要聯合一起往外開拓，集大家的技術想辦法，拓展更多可能。

商場不是戰場，我們不是要爭輸贏，因為消費者才不在乎誰贏，只想要生活更好而已。

商場上沒有贏家，只有賺到錢和沒賺錢的人。市占第一但沒賺錢，倒塌也只是下個月的事。

做生意的人，最需要放下分數、排名、輸贏這種學校競爭式的觀念。

與我們在同一個市場的人，是我們的夥伴。夥伴與我們一樣熱愛這個領域，也與我們在乎同樣一群人的喜好與變化。

或許不用交流，但絕不需要敵視。

因當我們怒目彼此時，旁觀的人只會害怕那凶狠的眼神，躲得遠遠的，誰也不選。

當我們把力氣都花在刀刃相向，就沒有時間去服務消費者，也沒有餘力去思考更好的成長。

被搶奪的市場，留下的通常不是待拾的寶藏。

而是一片的廢墟。

Letter

36

假設最好的狀況

嗨嗨，你是樂觀還是悲觀的人呢？

以前最怕出去找朋友時，他剛好不在家，落寞的心情打壞整天的樂趣。長大點打電話，最怕對方沒接，一次兩次，會開始上演心裡小劇場。是故意不接？剛好在忙？又或是出門了呢？

再來是線上訊息時代，不讀不回是在忙，還是正在做其他更有趣的事？已讀不回是不想回，還是不能回？

以前小劇場大概一個月、一個禮拜演一次，現在每天都要演好幾次。心裡的小人好累，脾氣就差，小人都要變壞人了。
小劇場通常不會往好的方向演，劇情一定是愈演愈壞，隨時間拉長，都會變成悲劇。
「他應該只是在忙吧？等一下吧。
「怎麼還沒忙完？真是辛苦啊。
「應該不會忙這麼久吧？是不是訊息不夠清楚，不知道該怎麼回呢？
「不對啊，我的意思很清楚了。再怎麼忙，簡單回一句也可以吧？
「居然還沒回，其實根本不想回吧。
「可惡，明明看到了吧！卻還不回，是不是討厭我？
「他一定是截我的圖，去問別人該怎麼回，然後正在嘲笑我吧。
「他肯定恨我、討厭我，說不定已經想封鎖我了。」
我們總習慣把人往壞處想，直到下一次與這一個人再接觸，才會發現：
「啊，他沒有那麼壞啦，只是那天出去露營，手機沒電了而已。」
把人往壞處想，不是一種悲觀，也不是人性，只是習慣而已。
我們都是好人，但害怕受傷，所以習慣把別人想壞，好保護自己。

也可能是小時候常被勸「要小心陌生人喔」，因此對於不熟悉的人，總會覺得有風險。即使已經認識，但只要對方與我們失去聯繫，我們就忍不住覺得對方開始變陌生了，然後愈想愈壞。

以前上班時，常從我的主管那邊，聽到關於總經理的想法和意見。雖然主管的話語中，並沒有好與壞，也沒有批評和齟齬，但每當我聽到時，總忍不住覺得總經理應該是一個很嚴肅又難搞的人。

每當提案沒過時，就會進一步加深這個印象，覺得總經理真的很過分，而沒有反省自己提案不夠周全的事實。

後來有個專案，是總經理直接參與其中的，於是我有比較多機會與總經理一起開會。

每次開會，都覺得總經理人很好、很和善，還會說笑話呢。且我從該總經理身上，學到最重要的一件事，也影響我至今，就是「吃飯皇帝大，中午別開會」。不論議題到多重要的階段，只要十二點一到，總經理一定第一個說：「吃飯了吃飯了，先到這吧。來來來，便當拿進來。」

我好喜歡他。

接觸，讓我們能往好處想；熟悉對方，能讓我們發現對方不是壞人，只是有各自的世界要努力而已。

我有兩個人生法則，分別用在判斷事與人身上。

一是對事，往最壞的打算。

當最壞的打算也可以承擔，那就可以做了，反正再壞就那樣了，但好的部分，可能會好到意想不到。

所以創業後經手的提案或是計畫，我都會想：如果失敗了，公司會不會倒閉？會不會影響到大家生計？如果不會，那就做吧。把握機會，說不定今年可以多賺一筆，大家年終就開心多一點。

至今也當然失敗過很多計畫，但我們成功過更多精彩。

二是對人，往最好的假設。

相信人沒有惡意，沒有什麼是面對面無法理解的事，只有缺乏主動的勇氣而已，而我願意當那一個先主動的人。

遇到一個批評我文章的陌生人，我加了對方好友，私訊他，向他請教有什麼地方需要改進。

遇到分享我的文章但覺得不認同的人，我在那則分享底下留言，謝謝對方的提醒，他的角度也很值得我學習。

看到有爆料說我不好的內容，我主動回覆說對不起，沒有解釋也沒有反駁，只有我還可以努力的事。

大多數情況，我對人都做最好的假設，不論是否成立。

當我們把別人看做好人時，會做出對好人該做的事，而對方也會因為這樣的對待，而成為真正的好人。

如果沒有得到期待的回應，可能是有其他不得已的苦衷，所以必須站在保護自己的立場上，必須持續堅持某些事。

把人想壞很簡單，只是我們都希望被好好對待，總有人要先出發。靠近一點，我們就會少一點惡意。

我總這樣假設，也時常得到驗證。

這不容易，尤其社群平台切割了我們的聯繫。曝光在我們面前的，總是那些最糟糕的案例，因為特殊，所以值得討論。大家分享的是最心酸苦楚的故事，因為難受，所以需要出口與同理。

Letter

37

該與人保持多遠的距離？

嗨嗨，你喜歡接近人群嗎？

以現在的社會氛圍來說，大家都會強調要尊重每個人的隱私、生活等，所以常需要提醒自己，不要太靠近別人，也不要去探別人的隱私。

例如除非對方自己說，否則不要問對方有沒有男女朋友。

除非對方主動提起，不然不要詢問對方家庭狀況。

盡量別評論別人的狀況，只要附和與給予情緒支持就好……

這些做法聽起來都很不錯，也很尊重彼此，只是久了也發現，與身邊的人愈來愈不熟，即使相處好多年的同事，合作也愉快，但不怎麼熟悉。

我剛出社會時，工作同事都會加彼此臉書好友，那是個臉書還真的是用來聯絡的時代。當初成為好友的同事，雖然後來沒有特別交集，但看著對方結婚生子、人生邁入不同階段，也都會獻上祝福。

再後來的工作中，就漸漸沒有加同事好友了，因為大家可能都開始有自己的小帳號，一個是加同事老闆，另一個才是自己的。而我也不是那樣不識趣的人，與其如此，不如就別打擾了。或許哪一天，對方就會願意對我說他的真實帳號了吧……但終究沒等到那天。

創業後，一開始我也會加夥伴們臉書，但之後被提醒說「老闆不要主動加員工，不然員工很尷尬」後，我就不做這件事了。然後和一些人共事了多年，我還是不知道他的星座、居住地、喜歡吃什麼……當然這些都與工作無關，不知道也沒關係。

只是不免覺得，我們彼此的存在，是否可有可無？

那些花了時間相處的過往，在一封離職信後就再也不見。如同社群上的解除好友、取消追蹤總是特別容易，我們的距離也像是從來沒有靠近過。

要靠近別人，是一種大膽的嘗試。

我們都渴望別人主動接近自己，又害怕接近自己的人會很不識趣，問一些奇怪問題。

我們也想要主動接近別人，又擔心別人會不會覺得自己是怪人，問一些尷尬的問題。

接近與被接近，成了一種賭博。贏家很少，輸家更少被看見。

但做行銷廣告工作，不接觸人群可不行，那是這份工作的本質與累積，也是我們吃飯的工具。

雖然網路很方便，但只靠網路上的言論做判斷，不只有風險，更難以差異化。每個人的生活都不一樣，只是那些不一樣是在細節上、在不自覺上。大家日常會表現出來，卻不會明白寫在網路上。能夠發現那些細微的差別，正是廣告創意的由來，也是行銷細膩的表現。

所以，能好好做廣告的人，必定是有好好生活與觀察的人。

表現優秀的行銷人，也該是善用工具結合生活觀察的人。

能寫好文案的人，更是會寫出「沒說出口的內心話」的人。

要做好這件事，就必須好好靠近人群，甚至是個人。

我在大學時期是個愛裝熟的人，開學第一天就在宿舍找人攀談，還自願舉手當班代。急著靠近人群，想認識更多人，也想要好好與人交朋友。

後來如願交到很多朋友，也不如願地發生很多事。

大四之後，我開始與人保持距離，總是擔心自己會打擾他們，或是怕他們發現我的什麼壞心思。

當兵後，與人的距離是被限制的，不是無限接近，就是無限遠。一起洗澡和面對痛苦，卻又有著階級關係。那陣子打破了我對距離的想像，思考著原來人與人之間還有這樣的距離。

多年後，我依然持續思考，該怎麼界定人與人的距離。後來在給別人戀愛建議時，我想到：「與人保持多遠的距離，是看我們對於掌握自己的領域多有自信。」

對於曖昧、交男女朋友、結婚之類的改變是如此，對於人與人之間也是如此。我們害怕自己的領域被侵入，也害怕自己去侵入別人的領域會使人不開心，那首要擔心的，是我們對於自己領域的信心。

這信心包含「即使被改變，也不擔心會變差」、「與別人分享時，別人會很開心」、「不論變怎樣，我都有信心可以變回來」等心情。

於是，我開始努力在自己的領域中增加掌握感，例如：

第一，避免談論自己不懂的話題，要談也要以自己懂的角度切入。

第二，不批評自己不熟的人，別人批評也不附和，對於不熟的人只閱讀資訊而非評價。

第三，面對難以回應的話語也用自己風格回應，練習面對各方的回應。

第四，從自己擅長的事中嘗試些不擅長的風格，漸漸拓展那些不擅長。

第五，當別人問「最近好嗎」時，回答自己真實的狀況，例如「最近很不好」、「最近賺錢了，開心」。

第六，有人批評自己認識的朋友時，勇敢地為朋友出聲說話。

……諸如此類的。

漸漸的，我發覺自己不再那麼害怕與別人保持距離或接近，也不擔心別人的靠近。

保持自己的節奏，不論是哪種場合，都可以做到「既來之，則安之」；

Letter

38 我們都希望被看見，那要被看見什麼呢？

嗨嗨，你寫過履歷嗎？

我以前一直不懂，寫履歷的目標是什麼呢？一般來說只是為了找工作，但我們也都知道，履歷上寫的東西，與真正的自己有一段差距。

例如很多人會在履歷上寫自己熱愛學習，實際上卻很少去聽課，也沒有在看書，更討厭生活被新事物打擾。

又或是會寫說自己喜歡挑戰、面對困難與思考，結果遇到重要專案總是推三阻四，遇到難題只會抱怨公司資源不夠。

有時候履歷寫得好看，工作後卻不是那麼好。

但如果履歷寫得不好看，又怕沒人喜歡我們，找不到條件好的工作。

我們總希望透過履歷被看見，那到底是要被看見什麼呢？

聚光燈照到的是目標，沒照到目標之外的代價。

我們不可能什麼都被看見，也不可能追尋所有的目標都成功，但永遠可以思考——為了達成目標，我們可以犧牲什麼？

或者，有什麼不可以犧牲的？

創業後收到很多履歷，過往我自己也寄過很多履歷。對於履歷，我總是抱持著一樣的角度：「要更仔細去看那些沒寫在上面的事。」

我自己寫履歷時，當然會隱惡揚善、避重就輕；當我看履歷的時候，就會去思考，對方為什麼會這樣寫，背後代表著什麼？

是把學校名稱擺第一位的人？還是沒寫出學校名稱，只把社團經歷寫出來的人？

是把上一份工作公司寫出來的人？還是隱藏之前工作公司，只寫職稱職位的人？

是把自己的作品分類整理出來的人？還是寫許多自傳心得的人？

一個人想被看見與想隱瞞的事，都在細節和角落之中，也透露出自信與個性。

教學履歷時，我建議一定要寫自傳，看履歷時也最看重自傳。後來才發現網路上有些教學，反而說不要寫自傳，論點是：「與其放那些各自表述的文字，不如好好放成就和經歷就好。」

看到這個論點之後，我更認真看自傳了，因為我想看一個人自我表述的面向，與那些無法自我表述的東西。

我認為那很真實。

我不想只看見對方的能力，還想看見對方的個性。

我不想只看見對方過往的輝煌，還想看見對方生活的繁忙。

我不想只看到對方制式的說明和條例，還想看見對方的自在與隨便。

要提高履歷的能見度，必須提高「我」這個人的真實度。愈真實，找來面試的公司就會愈真切，能夠找到的工作也愈真心。

如同在社群上，人們都以為要展現美好的一面，所以只有在開心時才發消息，旅遊、聚會、美食、賺錢、升職……每個人愈流連社群愈焦慮，別人看起來都好棒，自己的生活怎麼過成這樣？

回頭看一看自己社群上發的，也全是那些美好時刻。

漸漸的，我們學會說些真實的東西，也更願意理解那些真實的心情，像是失戀的難過、被裁員後的探索、失敗的檢討、創業的苦處與上班的哀怨。

變得更真實後，我們在社群上認識的人，也更加實際了。

我們想被看見的，都是美好。那會讓我們誤以為自己真的是那樣的人，但現實世界不會陪我們演戲。

我們該被看見的，是我們真正的想法。那才會為我們帶來機會與渴望。

回到履歷，還是真一點比較好，那可以避免我們只是為了「提高面試機率」，而浪費大量的時間在無用的交際上。

讓你這個人被看見。

讓你的期許被看見。

讓你的生活被看見。

那是你最能勝任的位置，也是你最實在的日子。

Letter

39 很多人都在做，那我還要做嗎？

嗨嗨，你喜歡當人多的那群，還是人少的呢？

我讀小學的時候，還是學校統一換季的年代。最怕的是忘了要換季的那一天。當所有人都穿短袖，只有我一人穿長袖，從踏進校門口那一刻，我就知道：「完了。」

只好宣稱自己怕冷，結果整天一直冒熱汗。

原本很喜歡追求不一樣的時期，在那一刻，突然很想與別人一樣。

從國高中到大學時，我們都很叛逆，想不一樣，大家讀書我就玩，大家安靜我就吵，大家都穿一樣褲子，我偏要褲子破洞。

但出社會後，突然害怕不一樣了，履歷看別人怎麼寫的，企畫看別人怎麼做的，開會看別人怎麼開的，上班也看別人怎麼穿的。

從學一樣到想不一樣，再到害怕不一樣，後來，我們都活成了一個樣。

有兩種人生策略，想請你看看：

一是走大家走的路，雖然不一定是安穩的路，但起碼自己不孤單。跟著人走不會錯，至少前人走過的路安全點。

二是人多的地方不要去，人少的地方勇敢去。大家都去了代表沒新東西了，往人少去的地方才有可能當先行者。

當然，最好的策略一定是看狀況，有時候是人多，有時候是人少，或是一加二來一下。

但大多數時刻，你會是哪一種呢？

以現在的社會氛圍，大多是喜歡答人少那邊，就是挑戰不一樣、宣稱做自己的人。

而我，一直是選人多那邊比較多，多很多。

我玩手機遊戲時，都會去看「首抽推薦」，玩需要人物自己加屬性點的遊戲時，就會看「推薦配點」，如果是武器很多的遊戲，就會看「最強武器排行榜」。

我買電腦，會去逛PTT電蝦板（PC_Shopping），查型號後選大家最推薦的那個，即使不知道原理；買耳機、鍵盤，也是選大家評價最好、最物超所值的款式，至於那些測試數據，我也都看不懂。

電影看熱門的，Netflix看排行榜上面的，漫畫看別人推崇的，音樂聽YouTube首頁跳出來的。

連行銷方式也是，我很少做第一個嘗試的人，頂多做一個比較願意嘗試的人。當然，是在看到成功案例之後，哈哈。

我不會排斥新東西，但也不敢成為第一批。我覺得自己沒有那樣的眼光和能力，能夠當得上第一批人。

看起來，是很平庸的一個人，對吧？

的確，我也不認為自己是很不一樣的人，反而很早就認知到，自己是一個很普通的人而已。在大多數情況下，我都沒有堅持「要和別人不一樣」、

「我要做自己」之類的宣言。

我反而想和大家一樣，成家立業，買房養小孩，退休抱孫到處玩。

一個人的獨特性，並不會因為做與別人一樣的事，就不獨特。

大家都在同一個景點拍照，但照片裡的人還是不一樣。

大家都吃一樣的食物，但健康狀況還是不一樣。

大家都一樣買房子，但選擇的房價與地點還是不一樣，房子裡的擺設與故事也不一樣。

社會上的一樣，比我們想像的還不一樣。

回到主題，當大家都做一樣的事，我還要做嗎？

大家都開粉專，我還要開嗎？

大家都做網站，我還要做嗎？

大家都這樣寫，我還要寫嗎？

很多人都做了，你為什麼不做呢？如果只因為很多人做，所以不想做，那也只是另外一種很多人而已。因為想不一樣，而變得一樣。

反過來，很多人做了，那是不是我們有很多經驗參考，可以做得更好一些呢？

人生最好的策略，不是走不一樣的路，而是踩著前人的過程上路。

好聽一點的說法是要從歷史中學到教訓，但我更想說，我們應該相信擁有過去經驗的人。相信設計師的美感、工程師的專業、行銷的資源分配、團隊討論出的方案與創意……比起相信自己獨斷要來得好。這已經有許多慘痛故事了，不是嗎？

我們都很不一樣，這正是我們一樣的地方。

我們也都很獨特，這正是我們一點都不特別的地方。

當開始認識到這件事時，我們做與別人一樣的事，就會有不一樣的意義與成果。

那對我們而言，就是最不一樣的事。

看著自己的日子，看著自己走過的路。

當別人都做過了，我們千萬別放過。

那一定會是一件也很值得放進人生的事。

Letter

40 行銷很難做，所以才需要你

嗨嗨，你有做過行銷嗎？

我很常用行銷來舉例，因為這不僅是我的工作，還是我的思維方式，更是我的生存模式。

有趣的是，至今我媽媽還是不太知道我在做什麼。以前上班時，她只知道我在哪間公司；創業多年了，除了出書，她也不知道我平常在做什麼事。

關於行銷，我們太難向長輩解釋，也很難與身邊朋友解釋。這是個大家都好像知道在做什麼，卻都不知道在做什麼的工作；是每個人都可以說上幾句，卻真的很難多說幾句的工作；是個很少看到有人賺錢，卻有很多人會說有興趣的工作。

在工作群組裡最常出現的話題，就是關於「行銷好難」這件事。

哪裡難？

對老闆解釋好難，看數據判讀好難，找受眾焦點好難。

一堆新工具要學懂，趨勢好難；一堆舊觀念要破除，改變好難；一堆混雜資訊要區辨，誰對誰錯好難。

就連自己在做行銷，經歷一、兩年的人，可能都會懷疑，自己到底在做什麼。更別說做了五、六年的人，感覺好像比較進入狀況，但看見新東西，又害怕自己跟不上。

沒做行銷的人會覺得行銷很簡單，認真做的人卻都覺得很難。

教行銷的人都把行銷說得很簡單，案例都好像很順、很容易，但真正做下去，每一個都是困難重重。

到底是難還是不難？我們可以說是看天分，也可以說看努力。對每個人都不一樣。

但我可以確定，如果覺得做行銷很難，那正是需要我們來做的原因，換句話說，如果你在公司覺得做一件事很難，那就是你還能在該公司的理由。

公司品牌很小，找ＫＯＬ很辛苦，都沒什麼人要理；公司預算很少，能做的事不多，要很精確地選擇方法；公司產品很普通，賣點不多，找不到文案的切入點……都是需要行銷的原因，也正是你之於作品的成就。

反過來說，如果公司品牌很大、預算很多、產品很特別，使做行銷很容易時，那行銷的重要性就會降低，這個位置一堆人會想做，也一堆人能做。

這道理不難懂，但很多行銷人不想懂。

做大品牌、大預算、大項目，總是聽起來很厲害，彷彿自己也成就了千萬營業額。但哪天自己創了業，做點產品時才發現，原來自己會的很少，發文讚數很低，哏也沒人理會。

我以前做行銷時，因為品牌很有人氣，每次只要發照片，就會有好多人點讚，好多人留言。當時也做了部落格，搜尋在第一頁，覺得自己ＳＥＯ很厲害，成效超好。要與別人談合作，只要報出品牌名，大家都好有興趣，約時間好容易，條件也很好談。

後來換了個品牌，發文都沒什麼人理，讚數也升好慢。官網的搜尋量很低，關鍵字一直上不去。想找合作，都是原價報價，還被質疑產品安全性。

我才知道，厲害的不是我，是品牌，是以前那些把品牌做起來的人，是產品研發的人，是經營管理的人。

於是我才開始好好的研究學習，關於品牌、SEO、行銷。

我想讓自己成為厲害的人，讓品牌因我而變得厲害，讓我為品牌加分，而不是品牌成為我的招牌。

讓很難做的行銷，因為我而變得不那麼難做。

我很喜歡一部體操漫畫，叫《奧運高手》，裡面提過一個觀念，叫「使成功」，意思就是「讓事情因你而成功」。

失敗很常見，也不意外，因為事情本來就會失敗，才需要我們存在。

我們的存在，就是要消滅失敗，使事情成功。讓原本會失敗的事，因為有我們，所以成功了。

如果還是失敗了，那也沒關係，這很正常，失敗本來就占大多數，不需要太自責。但也要注意，我們並不特別，沒有可以自豪的地方，必須好好再努力。

我們不能失敗後還找藉口，說是別人的問題，因為大家都一樣，大家都有很多問題，我們只是被問題打敗的其中一位而已，說的理由通常也和別人一樣。

在行銷領域，我們看了太多這樣的說法了：老闆不懂、產品普通、提案沒過、預算不足……當然當然，這些問題都存在。而這同時是成功為什麼如此稀少的原因，也是行銷為什麼這麼難做的原因。

常有新人文案師說：「客戶給的資料很少。」「客戶的產品沒有什麼特色。」「這次產品很複雜，時間有點緊。」

我會說：「這是正常的，所以才需要我們。」

不是每個產品都有獨特痛點，不是每個客戶都會準備豐富的資料，不是每個案件都時間充裕，讓我們可以安然創作。我們以前所看到的那些案例，全都是前輩們花了很多心思去挖掘才有的成果。眼前幾個字，背後是好幾天的辛苦。

就是因為客戶有很多不足夠的地方，而他們也很怕自己做會失敗，所以才需要交給我們。我們必須使成功，讓這次因我們成功才行。

如果失敗了，那就是證明，我們也只是與客戶找過的其他人一樣，就是普通的行銷而已。

當然，不只行銷文案很難，人生很多事都很難。

所以成功才值得歌頌。

所以我們才會崇拜成功的人，向他們學習。

這正是我們努力的原因，為的是讓我們能與失敗拉開差距。

期待自己能跳脫一樣的失敗，邁向不一樣的成功。

使事情，因我們而成功。

你是獨特的。

就該相信，事情會因你不一樣。

Letter
41
不用好奇收銀台的祕密

嗨嗨，你曾寫作過嗎？

身為以寫作為主的創作者，原本以為這應該是最多人投入的領域，畢竟大家學生時期都寫過作文，沒想到卻成為了相對寂寞的一群，因為大多數人都放棄寫作了——只剩下寫字，而沒有創作。

我依然很喜歡推廣與推薦寫作，可是也要說句實話，寫作這條路並不適合每個人。

相較於其他領域，寫作常常被過於神祕化，很常會看到一些關於「寫作的祕密」、「寫作的奧祕」的內容，卻很少聽過「寫程式的祕密」、「數學的祕密」。也許那些領域對大多數人來說，早已經是無字天書了。

可是嘗試過一陣子寫作，或以此為業後，再去看那些祕密，發覺根本不是祕密，只是一種常態而已。

有點類似買東西時，總會好奇收銀台背後有什麼祕密，每次都很想偷看一下。但只要打過幾次工，就會知道收銀台在做什麼，即使各家略有不同，仍然是大同小異。

大多數宣稱的祕密，就類似收銀台的祕密一樣，一點都不是祕密，只不過是不同角度所看到的事情而已。

那什麼是祕密呢？應該是多年摸索後才發現的事情，例如愛情並不是你愛我，我愛你，而是我願意陪你走過日常無味，也願意與你一起分享驚濤駭浪，尊重你的世界，也歡迎你來到我的世界。

又例如成為有錢人的祕密，並不是只靠努力發財，更不只能靠投胎，而是澈底了解世界的運行是依靠不斷地交易，並能學會判斷每次交易的成本、代表與收益。

還有很多祕密，不只是心想事成的層次，而是一串很多定義的解釋，加上擁有理解空間的語句，才成為人們終於能體會的祕密。

祕密之所以為祕密，不是代表其隱祕，而是因為除了知道之外，你必須自己經歷，才能夠真正擁有祕密的價值。

那寫作的祕密是什麼呢？我深吸一口氣，要說了喔。

那就是寫作，真的很輕鬆。

咦咦，這樣講出來好嗎？就好像把當爽兵說出來、當薪水小偷還打卡、靠父母買房還發文宣傳一樣。

這個祕密，是沒有一個寫作者會說的。所有的寫作者都會說「寫作好辛苦」、「寫作很難」、「寫作好累」等等，但具體難在哪裡、哪裡辛苦、哪裡會累，背後的說法都很難說服人。

例如寫不出來，這個更接近能力問題，而不是這份工作的問題。像是我說跑步很難，這是我的問題，而不是跑步的難度問題。

或是有人說，寫作這行收入很差、很不穩定，正是因為這工作本身就不是困難的工作。一部好作品就能滿足上千萬人，且能夠流傳幾百幾千年，市場需求少，滿足容易，當然收入不高了。

還有很多辛苦的地方，比如找資料、溝通、創作邏輯等等，但實際上，更多工作都有類似的需求，強度和嚴謹度也更高，寫作真的輕鬆多了。

這是寫作的祕密，在多年寫作後，我終於說出來了，哈哈。

當然這樣說出來，一定可以有一堆反駁，我自己也可以反駁自己，說上百點關於「寫作其實很累很難」的事。

但這不過是掩飾的做法而已，怕別人發現真的很輕鬆，只好裝忙裝累，用許多理由來說服別人，也說服自己，這行真的不好做，很辛苦。

如同每個退伍的男人，都會誇大自己當兵的辛苦。但當兵的痛苦不在於日常，而在於被限制。

寫作很輕鬆，所以寫作這行的困難不在於寫，而在於寫之外的事。

因為寫很輕鬆，所以寫之前，必須做更多準備。

打字很輕鬆，所以寫的過程中，必須更仔細面對。

寫出一個作品很輕鬆，所以寫完之後，必須對作品做更多的事。

當然，這都是相對而言。相對於產出其他類型的成品，寫作是輕鬆許多的，也因此，其他事情，我們要做得更多。

畫一張圖，人們很容易看完後並分享，但寫作一個作品，必須先想辦法讓人們想看，能看完，才有機會分享。

做一個網站，很容易獲得人們的評價與反應，但看完一個作品，許多人沒什麼感情，更不用說給予評價了。

做一道菜，人們雖有主觀喜好，但對於付多少錢這件事，都是願意的，但看一個作品，要付多少錢，則每個人都有意見。

寫作的輕鬆，是只看寫作本身。在各種客觀條件的比較下，都屬於輕鬆的一種。

一定有不少人看你的工作，覺得你很輕鬆。

「好好喔，只要接接電話就有錢賺。」

「好好喔，只要打電動就有錢賺。」

「好好喔，只要無腦地重複一樣的事就有錢賺。」

又或者是生活上，也一樣有這些關於輕鬆的意見。

「你只是在家帶小孩，這麼輕鬆。」

「不過是每天去辦公室吹冷氣，這麼輕鬆。」
「只需要動動嘴講課就好，這麼輕鬆。」

當被說自己的事很輕鬆時，第一反應一定是跳出來反駁，說著：「才沒有呢，我也是有很累的地方啊！」

不論對方有沒有體驗過，或看過我們的工作全貌，我們都不希望自己被認為是輕鬆的生活。

為什麼呢？

我不知道。

如果我說寫作很輕鬆，雖然賺不多，但生活都過得去。這肯定會受到許多議論。

人們不希望別人過太輕鬆，也害怕被發現自己的輕鬆，總希望各自痛苦而辛勞地活著。如同我們害怕被別人知道自己薪水多少、賺多少錢，所以裝窮是常態，炫富會被討厭。

這些人們不肯說的原因，成為真正的祕密。我們不願意碰觸，卻又好奇別人的狀況。

寫作對我來說很輕鬆，創業反而困難多了，所以我選擇創業，和一群人一起寫作。

寫出作品對我來說很輕鬆，教人寫出作品困難多了，所以我選擇教學，讓別人也能寫出作品。

發表作品對我來說很輕鬆，賣出作品困難多了，所以我選擇接案與知識電商，讓每一個作品都有價格。

發現輕鬆的事，並不是祕密。

發現輕鬆之後，還願意去挑戰困難的事，才是這世界的祕密。

這個祕密，很長很遠，且還在持續進行。

分享給你，也希望你總能夠保守祕密，然後朝向困難的地方走去。

Letter
42
心虛就是在硬撐

嗨嗨，你最近有心虛過嗎？

心虛是一種很特別的狀態，處在只有自己知道，即使被察覺，也不會輕易承認的狀態。

以前上班，就曾有幾次對主管報告時，感到心虛。很明顯感受到自己在找理由，只要多被追問幾次，可能就會破功。

而最常心虛的時候，就是要提離職的時候，理由大概是三分真七分假，心虛則是百分百，因為我想掩飾自己急於逃離的心情。

現在一些心虛的時候，大概就是每個月看財報時，總有點心虛，覺得自己沒把公司經營得多好，又要假裝有信心地說：「下個月會更好。」又或是別人問我對於某事的評價時，我也會心虛地說：「不錯不錯，還可以啦。」

這種心虛通常伴隨著騙自己但不害人的灰謊，重點在於對自己說的話沒信心。

像是老闆問今天觸及怎這麼差，你答：「大概臉書又改演算法了吧。」客戶問最近廣告成效怎這麼差，你答：「最近競爭比較激烈吧。」員工問什麼時候會調薪水，你答：「等你表現好就加。」心虛時刻，就是連自己都不確定，卻已經要給別人答案了。

當說著自己也不相信的答案、做著自己也不太相信是正確的事，就會心虛。那這樣心虛是不好的嗎？不一定。更像是冒牌者症候群，心虛是告訴我們，有東西要補了。

向白露求婚時，我說著要給她幸福云云，當時還沒有工作，說起話來都很心虛，但也只能硬著頭皮承諾了。

多年後也慢慢補齊當年的承諾，一步步把那些心虛的地方補足，不再是當年的心虛少年，起碼肚子肉團很滿了，兩個小孩的房間也很滿了。

我常會審視自己的狀態，而心虛時刻是我最在乎的狀態，比起害羞、緊張、擔心、惱怒或是不安，心虛是最急迫也最值得馬上處理的。

可能有人會覺得，何必心虛呢？不懂就說不懂，不會就說不會，做不到就說做不到，就好了啊。

當然是這樣，我們可以完整地透視自己，不讓自己處於心虛狀態。可惜在某些時刻，我們就是會想要逞強。像是明明累了，卻說不累；明明不懂，卻要假裝懂；明明不愛了，卻假裝還有感情。

心虛的重點不在於謊，而在於硬撐。

我們都會有需要硬撐的時候，因為場面不允許我們退卻。

被逼著要上台報告時，被迫要找一份工作時，被拱著要說真心話時，剛硬的外表下，就是心虛的自己。

當我們回想起那一刻，可能後悔萬分，但又回不到過去，只好在未來想辦法補足，對過去心虛的自己，說一聲抱歉。

說了這些關於自己的心虛，我要換個重點，說說別人的心虛了。

我們有時候看別人說了他做不到的事，或是做了我們認為錯誤的事，都會覺得很生氣，怨老天沒長眼，這樣的人居然雷劈不到他；也覺得社會沒道理，居然讓這種人生存下去。

像是寫誇大的宣傳用詞，產品卻大賣的競業；講一堆管理大話，財報卻一塌糊塗的高階主管；奇怪的課程講師，給予過度的承諾，明明知道是唬人的，但報名人數就是比較多。

看到這些狀況時，一些人會憤恨不平，一些人會公開抱怨或暗自酸語，而更多人選擇無視而過。

「真是業界亂象」是最多人會感嘆的事，尤其如果在業界夠久，也當了前輩的話，就愈會想要感嘆這件事。

然而心虛，才是對人們最好的約束。

我們不一定總是正確，但我們不需要硬撐。能做到承諾的事時，我們會有自信，說起話來不會心虛，面對任何問題都能自在回答。

我們也會犯錯，但我們不需要假裝自己沒錯，因為我們知道錯誤帶來的幫助，而不會擔心錯誤會毀了所有的假面。

即使我們永遠不會知道別人是否真正會心虛，但是我們相信，他們一定睡不安穩——夜深人靜時，他們會擔心哪天醒來，就被人發現他心虛底下隱藏的事；被人提及時，他們會緊張哪裡正在討論他心虛不敢面對的事；面對眾人目光時，他們會害怕在那些眼神背後，有人早已看穿他心虛的假面。

心虛是自我的約束，即使臉皮再厚、嘴上再硬的人，心都是虛的，只是我們無法輕易看見。

我會心虛，所以我補強我虛的部分，也少做我會心虛的事。

我知道人都會心虛，所以我要站挺，讓那些心虛的人連眼神都不敢與我對望。

法律管不到的事，你的心會管。

心是虛的，做什麼事，都不實在。

你終究會需要補齊那些心虛的。

你終究會需要說那聲道歉的。

你終究會需要面對自己的。

Letter

43 好感度怎麼來？

嗨嗨，你做過什麼「好的改變」嗎？

關於改變，我想，一個人持續地成長，會是很核心的事。

當然，改變也不是隨時都在變化，而是有序而穩定地創造新的體驗。

人們常會談論一些播放很久不變的電視廣告，認為是經典，甚至已經成為符號，例如「斯斯」廣告。但熟悉不代表絕對的好或正確，有時候反而因為習慣而失去興趣，想去嘗試新的東西。

因此，我們要時刻保持著新鮮感，就要記得改變。變包裝、出新品、辦活動、改設計，各種改變都是一種嘗試，重點不在於改得好不好，而是消費者會看見我們願意改變與嘗試的用心。

我們會喜歡這樣用心而努力的人，也會為每一次改變認真地回饋。可是這樣改變，會不會讓喜歡舊有的人離去呢？可能會，但也是回饋，代表我們改得不好，而不是單純的「不要改」。

如同對於臉書，我們現在會害怕其改變，大多是因為其愈改愈複雜而沒邏輯，或影響到自己的成效。

我們都希望愈改愈好，只是不知道什麼叫好，所以要持續地改變。光是願意改變，就是好感度極高的事。

除此之外，沒有其他的方法了。

即使改變對每個人或品牌來說都不一樣，改變仍是唯一「要做」的事。

再來談談好感度。

要好感度高，重點不在於「做」什麼，而是「不做」什麼。

不做什麼？以品牌來說，就是不隨時都在特價、打折，不老是跳樓大拍賣。樓層沒那麼高，一直跳也沒差多少。

不要每次活動都是促銷活動，總是滿千送百、買二送一、全館免運。當我們與消費者關係只有錢的時候，我們也沒什麼其他感情可言。

不要一直談論自己，只說自己的辛苦與用心，談自己的努力與付出。如同直男怨婦一樣，眼中只有自己，而忘了別人為什麼要理你。

不要總是恐懼行銷，看到其他品牌做的事就一直指教，說買其他牌的人是傻瓜。逼人選邊站，別人最後只會兩邊都不選。

不要想要用一堆花花綠綠的包裝來掩飾自己，要做好產品本身的品質。包裝是需要，而不是必要，簡約的包裝才能展現產品本身的優秀。

不要不要不要……為什麼要有好感，好像有許多限制和約束？因為好感就是我們願意克制自己，不被各種欲望和紛擾牽著走時，所展現的堅持。

好感是我們一直都知道自己的目標與方向，堅定朝向前方走去的眼神。

好感是我們知道自己是誰，也知道自己的價值和存在意義，能夠面對各種言語的自信。

好感是我們專注自己喜歡的事，也做出專業，並以此示人，賺取利潤的用心。

好感並不是要我們去努力變成更好的人，而是我們成為自己想要的人。

好感也不是靠我們做了許多別人說該做的事，而是我們一直知道自己能把什麼事做到最好。

好感不是多，而是少；不是添加，而是刪減；不是發展，而是修正。

品牌是人，人也是品牌。先當好一個人，再當一個好人，再成為一個有好感的人。中間我們該做的事會愈來愈少，愈來愈深，愈來愈純粹，我們只要好好走著，就會走到。

每當我對一個品牌有好感時，往往不是因為那品牌做什麼事很吸引我，而是那品牌願意不做什麼事，才吸引到我。

當我對一個人有好感時，也不是因為他做很多事，而是因為很多事他不做，不是指不負責任那種，而是指不從眾、不隨意。

因此我也希望自己能少做一點，做該做的事，然後常常改變與修正，把該做的事愈做愈好。

有好感的品牌，不是一直叫我們每天來買東西的品牌。而是我們每次想到，都可以知道該品牌還在那，做著原本那件事，且愈做愈好。
能夠在不斷變化的時代中，還保有自己的進步節奏，才是我們會佩服而喜歡的。

人們喜歡看到的，不是走在最前端的人。
而是每次回首，看見自己後面還有人在。
後面一直有人在，我們就擁有持續存在的能力。
時間，是對於感覺最好的考驗。
也是對於好感，最適合的回報。

Letter 44 你的人生，需要很多驚嘆號嗎？

嗨嗨，你寫的東西，會有很多驚嘆號嗎？

我想說點正經知識，但不只是寫作而已。每個習慣背後，都是一種生活態度。

是否有看過一篇臉書貼文中，每一句結尾都是驚嘆號的？

也可能看過一種人，他每交待一件事，都會用一個驚嘆號。

還有一些產品銷售文案，每一個標題、產品特色的描述，都是驚嘆號，告訴你這超好用！超厲害！超划算！超黑科技！

彷彿不寫驚嘆號，一句話就無法結尾一樣。

每當我看到類似的習慣時，我就會想：「這人對自己寫的東西，是不是很沒自信？」

可能是曾經被說過：「你寫的東西很平，沒什麼特色。」

可能是被要求過：「你要寫得更有力一點。」

可能是自己心底認為：「這件事好重要，那件事也好重要，我全都無法捨棄。」

驚嘆號沒什麼不對，但一件事只要過度使用，就會變得突兀，而背後的心理因素也就會顯現出來。

我們太害怕被忽略，因此總想要用力強調。

如同在大街上，我們使勁地吶喊，就是為了在人群中被聽見。

如同在社群平台上，我們盡力地拍照寫文章，就是想要吸引更多人給我們一點回饋。

又如同孩提時的哭聲，愈大聲不一定愈傷心，只代表我們此刻想要被擁抱得很緊很緊。

在每一句話後面，都習慣驚嘆，不是這一句話很值得驚嘆，而是希望對方不要忽略我說的話。

這次的優惠不要錯過。

交待的事不要忘記。

不要忽略這一次的訊息。

不要忽視我的想法。

不要無視我。

生活中，其實很少事情會讓我們驚嘆，一天中可能兩、三件，多了心臟就快要受不了。但我們對別人說話的時候，一直使用驚嘆號，並不是這這些事值得驚嘆，而是我們對於「被忽視」這件事感到驚嘆。

「原來我寫的東西不吸引人。」

「原來我的想法不重要。」

「原來我不重要。」

我們才發現，世界沒有繞著自己轉，世界只是自己在轉。

我們拚命要趕上世界，所以驚訝自己被拋下，嘆息自己追不上。

說到這，你可能會想說：「有這麼嚴重嗎？」

當然，不嚴重的，任何習慣一開始都是不嚴重的。

只是我們應該看重自己養成了什麼習慣，以及給人的印象。

如同我習慣每一句話一定要有句號，給人一種斬釘截鐵的感覺，也讓人知道，我這句話說完了。

我也習慣同一種意思，多寫三句場景來疊出情緒，讓人更容易產生畫面一樣。

我更常寫短句，好避免一次要讀很長一段。

這些習慣，我都知道背後的影響與意義，而我選擇這樣做。

所以我們在選擇自己的行為，成為習慣時，一定要注意背後的意思。

主動選擇習慣，去練成自己的習慣。不要不知不覺就被習慣綁架，而忘了這個習慣當初的原因。

驚嘆只是一個信號，映射出我們內心的擔憂與情緒。

該改掉的不只是用驚嘆號的習慣，更多是我們害怕別人沒注意到自己的焦慮。

這世界不會總是注意到你，你不用總是那麼大聲。

你可以注意到自己，可以在心裡為自己寫上：「我很棒！」然後優雅從容地面對這世界。

讓每一句話，都有完整而堅定的句點。

PART 4

被信件滋養的日子
——你會成為更好的你

不論是否破碎，
都堅決善良。
這不是你的選擇，
這就是你。

Letter

45 先自私一點，才能自保

嗨嗨，你是個自私的人嗎？

說到自私，目前仍是貶意居多，彷彿當個自私的人，就是錯誤的選項。

當然當然，現在也可以大方坦承自己是自私的人了，因為這並沒有什麼問題。我們要先自私，才可能無私。

所以我不希望用自私這個說法，因這是個被汙名化的說法。

我想說的自私，就是自保。

小時候，父母會教導我們，要學會保護自己。雖然不要譴責受害者，但我們還是不能放掉防人之心，要有保護自己的能力與意識。

職場上，要被認為已脫離新鮮人，正式成為社會人士的關鍵，就是開始學會自保。

自保聽起來很合理，也很正常。畢竟你不保護自己，誰要保護你呢？說自保合理多了，那為什麼說自私就讓人感覺不好？原因是自保的界線超過了，跨到了別人身上。

例如為了保護自己頭部安全，不管到哪裡都戴安全帽，連看電影也是，那這就是過頭了。

所以談如何自保就很重要，不然我們永遠不知道，自己安全感的邊界在哪邊，以及要求過度的安全感，也是傷害別人的主因。

說到這，我把詞彙換回來，人要自私到什麼地步，才是比較剛好的呢？

當然，沒有一個統一準則，每個人的標準答案都不一樣。但我可以說看看，自私的原因是什麼。

是如果我們沒有守著自己的利益，就沒有人願意幫我們守著。

孩子在某個時期會很大方地分享，尤其是當他發現「分享給別人，自己卻不會減少東西」時。通常在小學階段，他們會感受到分享的樂趣，會被誇獎，會得到朋友，回家後還可能會得到更多一份。

再大一點，我們就會看事情來選擇要不要自私了。

食物是可以分享的，但戀愛不是。

機會是可以分享的，但金錢不是。

心情是可以分享的，但脆弱不是。

我們開始區隔哪些事需要自私，哪些事可以不用自私，這取決於許多原因，而我總是用兩點判斷：

第一，我是否有能力在失去後再獲得。

有些人不珍惜感情，因為他並不缺人愛，也不缺對象。直到他發現有某些人是他不論怎麼努力也愛不到時，才知道自己愛人的能力十分薄弱。

這是許多外在條件突出的人，很常會有的體悟。

感情之外，工作、金錢、技能、目標，都是如此。

一些人在工作上極為自私，凡事先自保，不允許自己的利益與地位有任何損失，即使位居高位了，也改不了這樣的作風。

一些人在競爭中極為凶殘，為達到目的不擇手段，只看重自己的好處，而不顧傷害他人的可能，即使看起來已經擁有很多，依然持續掠奪。

這兩種人並不少見，有些也可能是程度多寡而已。

對於失去的在意程度，取決於「再得到」有多困難。

自私的一部分，就是害怕失去且無法再得到，只好什麼事都抓死死。例如愛、權力或是信任。

相信自己有能力再獲得，也有資格再獲得，那我們就不需要時刻防著他人，也不用鎮日守著自己所得。

第二，我是否能看見更遠時刻的成果。

這世界最珍貴的資源，是「時間」。而用最珍貴資源灌注的成果，也最寶貴。

很多事情需要時間，如同我們學習語言、健身、培養感情。

分享、付出，將一些東西讓與他人，在當下我們會有顯而易見的失去，但在更遠的時刻，我們將收穫寶貴的回報。

只是，那麼遠，誰能保證呢？

當然不能。如同努力讀書，考上好學校，就能保證未來一片光明嗎？當然不能。只是機率上來說，比較可能而已。

付出一定有回報嗎？當然不能，可是機率上來說，無付出就不可能有回報，而有付出，起碼有了可能。

相信未來那些低機率的發生，相信看見更遠時刻的收穫，是我「現在」願意投注時間，與不那麼自私，只求自保的原因。

這兩點，是我在判斷該自私到什麼程度時，所做的底線。

人都應該自保，先為自己好，再為別人好，這是種健康而且正常的人生哲學。

但我們更應該學會，當已經足夠安全飽足時，能夠相信自己有能力再獲得，並能將資源投注到遠方。

只有我們都願意看向遠方，遠方才會是美好而值得期待的。

對自己好一點，也對未來的世界好一點。

那將是我們愈走愈好的原因。

也是一切未知將實現的可能。

Letter
46
善良不是選擇

嗨嗨，你什麼時候會感覺到善良呢？

寫這封信時，正值聖誕節前後，那應該是收到一波禮物或祝福的時節。你覺得自己是碰到了善意，還是再也不相信交換禮物了呢？

我一直不太確定交換禮物到最後會變成交換廢棄物的團體，平時發生什麼事。但我確定的是，遇到那種「看到別人失望的表情會開心」的人，我會有點害怕。

我曾經解除過幾個好友關係，那是在電影《復仇者聯盟：終局之戰》

（*Avengers: Endgame*）上映時，在社群上爆雷的人。

當時全球都滿期待的，至少是我當年度最期待吧，然後上映約三天，我就被雷了。好氣好氣，即使還是帶著期待進電影院，但已經完全不一樣了。人的記憶真的是很煩人，該記的記不住，不該記的卻印象深刻。

當時還為這件事發文：

我曾想如何去判斷人在危難中會露出怎樣的本性，有時不見雪山崩、困七日，真不知人性會怎麼扭曲。事業賺錢人人理信義情道盡出，轟然負債千萬則轉身機票飛著跑。

要怎麼知道一個人能不能信任？從他怎麼看待別人的感受開始。

當一個人在生活中所表現出來的是：「只是好玩嘛！」這種以純粹的樂趣在破壞別人的體驗時，在生活中可能是某次惡作劇般的捉弄，但在人生旅途上，他就會在某次危急時刻，推你一把。

因為他從沒把你放在眼中。

人的本性不是在他說的話語之中，而是每個在行動抉擇之中。

當時把話說得很重，但我就是如此堅決與肯定。

如同我們人生中，總會遇到幾個人，向我們勸著：

「他不是故意的。」

「他只是好玩，只是在與你玩而已。」

「他不知道你這麼在意，沒想到你會反應這麼大。」

「他和你鬧著玩，你何必當真呢？」

「他就是那種人啦，你不要理他就好了。」

都是他，那我呢？

他的個性是那樣，為什麼不是他選擇改變，而是我要選擇接納呢？

勵志的話會說：「改變別人困難，不如改變自己。」

當然是這樣沒錯，所以我會改變自己，會學習成長，然後也會決定要遠離那樣的人。

我想讓變得更好的我，能被更值得的人珍惜，而不是降低我的標準去迎合那樣的人。

這麼多年來，我也終於了解一件事。

善良不是選擇。

過去我總好奇，為什麼有些人在選擇中，總是不肯選善良那一邊？

他們總在每個小事表現得好像是善良，遇到大事時卻不肯同樣表現。

在某些事上看似表現善良的人，在另外一邊卻是完全不同的人。

原來他們不是選擇善良，因為那不是選擇，那是個性，那是特質，那是能力。不是像中午吃什麼一樣，選擇我今天要善良一點，還是要排骨一點。

善良不是一種選擇，是反射動作，是思考，是價值觀。不是遇到A會選擇善良，遇到B可以選壞壞，遇到C就選善良的壞壞。不是遊戲裡的兩個對話選項，也不是可以重新再選後看到新結局。

不論重來多少次，你都會做一樣的選擇。

直到你願意自己改變，可能是年紀到了，可能是累了，可能是某句話讓你頓悟了，又或是讀到這裡了。

然後才可能做出和以前不同的決定，偏向善良一點或是邪惡一點。

善良要學習，要練習。我們或許本善，但不知道該怎麼做才叫善良。

小時候，我們以為喜歡一個人是捉弄對方，引起對方注意。

學生時期，我們不知道怎麼對人好，只能偷偷跟蹤對方，每天觀察對方的生活。

長大後我們以為一肩扛起、沉默不言、把苦往肚裡吞，就是相處最好的態度。

我們可能從來沒有做惡，但不善良，也不被理解為善。更在某一些取捨中，成了別人眼中的惡人。

善良要學習。你要是善的，就必須學習如何行善。

你要聰明，才能好心做好事，才不會往地獄的路上多鋪一塊磚，還簽上了名，寫為善意。

善良不是選擇，人不會「放下屠刀，立地成佛」，那是勸人放下刀的話術——你還拿著刀，我只能念佛了。

善良不是選擇，世界怕的不是壞人，而是笨的好人。不忍心罵他，他卻毀了你的人生。

善良不是選擇，在每一個關鍵時刻，沒有練習的話，你的選擇永遠會是自己。

不要以為善良可以選擇，好比你今天救人，只因為對方是好人；傷害別人，只因為對方該死。

不要把善良當作選擇，認為只要「你想」就能做得到，然後為那些「不想」找千百個理由。

善良是數學，不會就是不會。如果想要會，就必須K書，不能睡著，不能偷看答案。

善良是品味，我們可能有自己的標準，但世界還是有共識，要提升品味，就要活在有品味的環境裡。

善良是技能，可以寫在履歷上，只是要證明自己做得到，且一直做到，不然忘記這技能，只能成為曾經善良過的人。

善良是相信自己不會化身為仇恨，不會是復仇循環裡的一員，雖然受傷，但還是選擇停止一切。

不論是否破碎，都堅決善良。

這會是好的人生策略嗎？可能不是，被稱為聖母式的教條，是許多人不屑的。

這會讓人過得更好嗎？可能不會，一路上的惡意，可能會讓人疲憊、狼狽又灰心。

但這不是你的選擇，這就是你。

就是你的模樣與故事。

是當你被傳頌時，會被寫上的事。

一個善良的人，是與他在一起會感到安心的人。

是我們願意把心中最脆弱的一角與他分享的人。

是讓我們願意相信，這世界上，有會與我們做出一樣決定的人。

Letter

47 把自己活成贏的模樣

嗨嗨，你喜歡贏的感覺嗎？

在台灣，我們出社會都會經歷到的社會大事，就是選舉。每次的選舉，都會影響整個社會的氛圍與注意力。

但我想說的，是選擇之後的事。

學生時期，常常會以投票做一些決定，這時候有人的意見會被採納，有人失望。

失望的那群人，會出現兩種人。

一種人會投入選出來的意見，然後也跟著認真規畫、配合與執行。

另一種人則會開始擺爛，覺得那是「你們」選的，不關我的事。我就要看看你們有什麼能耐，最好是爛掉，好證明我是對的。

這種人還會去罵前一種人是叛徒，居然看到另一邊贏了，就馬上跑過去幫忙，根本是見利忘義。

先不說利或義在哪，但這樣的態度，常常會讓前一種人覺得很受傷，更不願意與另一種人畫上關係，也後悔曾與他們同一陣線。

另一種人愈來愈少，直到下一次的話題中，他們的主張也愈來愈少人支持，因為他們從上一次到下一次中，並沒有出過什麼力，只是等。

學生時期這樣，出社會後這情形應該更不陌生吧。

曾有一段時間，在公司提出的意見沒有被採納，我消沉了好一陣子，很被動地做事，覺得自己的熱情被澆息了，有點自暴自棄。覺得「算了，你們不認同我，我就擺爛吧，哼哼」。

後來有其他夥伴的意見被採納後，我也抱著看戲的心情，不主動配合，想看看對方有多少能耐。

結果是什麼呢？當然就是對方愈來愈被看重，而我之後的意見也愈來愈少被採納。

然後我發覺，在那段時間裡，我什麼都沒做，沒學到東西，也沒什麼成果，最後是我離職了。

離職那刻，我以為公司沒有我就會開始走下坡。畢竟是個不採納我意見的公司，能有什麼好作為呢？

事實是，公司沒有什麼變化，依然順風順水，發展有成。

創業之後，我學會的並不是要一手掌握所有意見，而是要把每個意見都做好。

有時候夥伴的意見也會與我相左，但他們的確是有理的，於是照他們的意見去做，我也盡力給他們幫助。

我不能再是「我就看看你們做多好，等你們做爛了我再來笑你們，證明我是對的」的心態了。

因為這是我的公司，不論什麼意見，只要損失了，都是我的損失啊。

下決定前，我們雖然各自有看法，但我們也不是什麼預言家，時光無法倒流，所以總無法看見到底這決定會產生什麼結果。

決定了，就把決定做到最好。

我不再爭論自己是對的意見還是錯的，也不在意輸或是贏，我只在意是否走向好的成果。

最常發生的，就是改文案的稿件了。

有些夥伴也資深了，有自己的觀點和看法，即使與我認知完全不同，有些道理也是很清楚的。

我當然可以堅持「我是老闆，我經驗豐富，我還教很多課，所以我是對的」，但這條邏輯是不通的。

我是老闆，不代表我比執行的夥伴懂這個案件的始末。

我經驗豐富，不代表我就能確定這名客戶的需求。

我教很多課，不代表創作就是對的。

我該對公司負責，我該知道如何應對，我能給予更多支援，這才是我這些經歷背後該做的事，而不是堅持自己是對的，只為了讓自己好像贏了。

所以定案了，就一起把這決定做到最好，即使後來真的證明我是對的，也不說：「你看吧，我就說吧。」

而應該是：「我們再一起好好調整一下。」

我們太害怕證明別人是對的，彷彿自己就輸了。

我們也太害怕發現自己是錯的，彷彿那些堅持都無意義。

而落在對錯之後，所有的損失，我們都無法逃避。

一對情侶的決定，最終決定了兩個人的關係。

一個公司的決定，最終決定了所有夥伴的年終。

一個國家的決定，最終是每個國民都要一起承擔的未來。

不論哪一種，我們在決定之後，都該把這個決定做到最好。

即使那是我曾經不認同的決定。

因為最後能被認同的，只有在那過程中，一起努力過的人。

如果只等著時間證明你是對的，到最後連自己人生都活錯了。

不論做什麼選擇，都把自己活成贏的模樣。

不論做什麼決定，都把這決定做成對的結果。

我們都討厭說風涼話的人，但正因為我們有選擇，才有風涼話的存在。

必須深入決定之中，才能夠有機會，讓下一次由我們決定。
不論是預算執行、生活感情、家園環境還是人生困境。最終，得到的都會是我們自己的故事。
那是我們沒有袖手旁觀、沒有就此撒手不管的路程。
因為主角永遠是自己。
而主角，總是會贏的。

Letter 48 為什麼要待在別人的公司呢？

嗨嗨，你還在公司上班嗎？

我指的是在「別人」的公司上班，也就是雇員的意思。

為什麼在別人的公司上班？

「廢話，不就是為了薪水嗎？要是我家有礦有油井，哪還需要去別人公司啊？」

或許這是最簡單的理解，但為什麼你會選「現在這間公司」呢？

這時候可能就會有很多原因和說法了，因為喜歡啊、熱情啊、環境啊、機緣巧合啊等等。

關於職場，我們很容易把別人的原因簡單化成錢、薪水、輕鬆等。然後把自己的問題複雜化——因為很多難以說清楚的原因，所以我待在這，不是一般狀況。

如同關於老闆，我們總是很常直覺地認為老闆自私、聽不進人話、一意孤行、朝令夕改等。等到自己當老闆時，就覺得自己有千般無奈萬般苦，不是一般老闆。

那，什麼是「一般」呢？

或者，我們可以再想一下，為什麼要待在公司呢？

現在市面上有那麼多兼職機會、斜槓發展、一人公司、個人品牌等等教學。不論是開蝦皮也好，開 YouTube 頻道也好，開抖音或部落格都可以，任何一個領域，都有適合「個人」發展的平台，每個人都可以有自己的曝光夢與平台光，說不定，你就是下一個被看見的新星。

那，你為什麼還要待在公司呢？

即使你說不喜歡當網紅，現在仍然有許多接案平台、社團，以及很多商場、團購、群組的商業模式，可以讓人在不那麼曝光情況下，依然賺得飽飽的，悶聲發大財。

所以，為什麼要待在公司被同事與老闆折磨，去拚「不是真正想做」的事呢？

我不是故意把事情複雜化，而是所有的選擇，都是複雜的。用過於單一的角度去理解選擇這件事，是我們學生時期留下的錯誤習慣。

每個人生選擇，都複雜到自己一時半刻無法解釋，也根本不可能在別人問的當下就回答。

在許多分享場合，都有很多人問過我，為什麼要創業？又為什麼堅持到現在？

後面的問題，我會開玩笑地說：「因為公司還賺錢，我還沒累倒，所以就堅持到現在囉。」

但前面的問題，我則有簡單版與複雜版的兩個答案。

簡單版是我會說給較不熟悉的朋友聽的：「市場上有機會，我也剛好有這能力，於是就創了。」

複雜版是我常常問自己的：「如果當初不創業，我現在會更好、更開心嗎？如果當時創了其他業，現在會更順利、更有發展嗎？如果當初創業時用了另一種做法，現在會不一樣嗎？」

把這一輪都想過後，我才能說出一個暫時性的答案。

我為什麼會待在自己公司？因為還有趣，因為與這群人很好玩，因為市場還有很多未知可以開發……說起來又是一串了。

所以，你為什麼會待在公司呢？

是有你想做的事嗎？只在這間公司可以做，離開就沒辦法做了嗎？是有你過往的情感嗎？待了很久的地方，感情的累積也很重要，這是回憶也是故事。

是只有這裡能待嗎？離開這就活不下去，也不知道還能做什麼事了嗎？待在一間公司，是需要理由的，那是每天早上起床的動力，是開會時發言的目的，是要不要加班的決定。

只要有人問我，對於目前公司不滿意該怎麼辦，我都是勸離開的。

當大家一聽到要離開，就會說：「我要離開現在公司喔，可是……」

這時候，那些人就會自己找理由留下來了。

我前幾年剛出《聽說你在創業》這本書時，在很多演講場合上，很多人會問我自己該不該創業，要我幫忙分析。

我會說當然要創業啊，你這麼優秀，一定要創業。

這時候，他們會說：「可是我認為……」

他們會自己找到理由勸退自己，也會開始自我分析出很多原因。

這些理由和原因，都是真的嗎？不一定，有些只是自己的想像而已。

但想像力就是局限，我們會自己框住自己。即使世界上有那麼多可能性與例子，我們還是可以找到更多例子，來證明自己的理由是對的。

為什麼要待在別人的公司呢？

看到這個問題，第一個想到的如果是錢啊、逼不得已啊、沒辦法啊，那就是你的答案與限制了。

再多的職涯建議，都比不上自己的小心翼翼。

再多的市場機會，都比不上一句好累。

所以，待在公司的原因，早已經在自己身上了。

反過來能勸你什麼呢？我也的確想勸你待在公司。

因為許多跑出去的人，都灰溜溜地想回公司了。

發覺外面沒人可以一起合作，沒有人可以討論工作，做什麼都好辛苦。

發覺沒人可以幫忙揹鍋，沒有人可以給自己指點，沒有人說下一步該做什麼，自己就不知道該怎麼做了。

發覺沒同事可以叫，每個外包都好貴，每個私訊都沒人回，沒了公司招牌，資源好難找。

外面機會很多，是希望把裡面的人引誘出去。裡面的你就成為機會，裡面的位置就成了別人的機會。

外面天空無限大，是因為天空有那些不動的人撐著。當每個人都在動，天空就會愈來愈低。

外面看起來都過得好開心，是因為他們沒人分享開心，只能向外分享。看起來開心，內心都是累。

要再說，還有很多，兩面都可以說。

但我想回到一個判斷，而且這一次，不是兩面都好的說法。

如果要我選，是待在公司好，還是出去好。

我真實的、也是不變的建議會是：「找一間好公司，待著比較好。」

如果目前這間公司，已經讓人覺得很好了，那在裡面待著，找可以做的事，創造想做的事，讓公司變成我們想要的樣子。

不是每個人都要獨立，才能做自己。

一群人聚在一起，可以做到自己做不到的事，發現新的可能與自己。

原來我可以帶領一群團隊完成一個大計畫。

原來我可以成為別人的引領者。

原來我可以看見別人身上的亮點與機會。

原來合作的感覺，真的比單打獨鬥要好多了。

這是我在職場與創業後，始終不變的想法之一。

是為了與人相聚，我們才這麼努力。

讓自己也成為別人會想靠近、合作的人。

那不管是待在公司，還是出去一個人，都將會是自在的人。

Letter

49 知道自己不足，也是自信

嗨嗨，你今天有自信嗎？

是否有時一覺起來，會覺得世界沒那麼困難，昨天煩惱的事好像不怎麼煩惱了。

有時候則是得到一些稱讚後，也覺得自己真的很不錯，面對困難時也不再那麼擔心了。

通常早上是特別有自信的時候，因為我們還沒遇到今日的打擊。

那我也先祝福你，今天過後，依然能保持自信。

今天結束，也要像此刻一樣自信。

為什麼要談自信呢？比起快樂，我們好像更少談關於如何讓自己有自信的事。

我認為自信很重要，甚至可以說是比快樂更重要的事。

自信會快樂，自信會讓人好看，自信更會讓人有勇氣。有底的自信，會讓人面對打擊也能夠再站起來。

我曾聽過很多朋友的煩惱，例如面對工作選擇，該不該離職？害怕自己不夠好，離開現在的工作就找不到下一份工作。

面對感情選擇，該不該往前一步？害怕自己不夠吸引人，失去這感情也失去這朋友。

面對夢想目標，不知道能不能勇敢追尋？害怕自己做不到，辜負了誰也拖延了生活。

我從每件事中，看到的不是困難、缺點、阻礙或低潮，而是沒有自信。

當我們不相信自己時，從言語、行為中，都會流露出一股不確定。那所煩惱的事，每一件都像是會壓垮我們的大事。

不相信自己，也說服不了別人相信自己，每一個質疑都像是一堵高牆，跨不過去也繞不開，更不想回頭。

只好蹲在原地，焦急地掉眼淚。

自信很難，比起快樂，大部分的人都還算是知道如何讓自己快樂，卻很少人知道如何讓自己自信，也很少有具體的練習方式。

可能有人會覺得，自信需要有底，有實際的條件才會自信，例如有錢、長得好看、有卓越技能等。但我們可能也會發現，長得好看的人常對自己沒自信，有卓越技能的人常有冒牌者症候群，有錢人則常惶惶不安於自己的錢會不會消失。

自信並沒有那麼單純的來源，而是更複雜的組成，我們很難單一理解。

而我的祕訣，就是「知道自己不足」。

當我知道自己的不足，那我就會充滿自信。我不用擔心別人戳破我的假裝，也不用在乎自己那個不足的地方會阻礙我。

像是我唱歌不好聽、寫字不好看、臉不是好看的那種、說話不是幽默的那種……算下來缺點還滿多的。

也因此，我的自信來源，就絕不會是來自這些地方。

不會因為別人亂誇我一句「帥哥」就當真，也不會因為與人面對面聊天時，對方一笑，就覺得他會喜歡我。

且就算我這些不足的地方被嘲笑了，我也不會難過，只會覺得：「你何必說我已知的東西呢？」

自信，來自於自知。並不是知道自己哪裡是優點，而是知道哪裡不會是優點。

如同當我們自信地比出「我就爛」的時候，也不會被那些奔流的資訊和社會評價搞得自我焦慮、難以入眠。

當知道自己三十歲時哪裡不足，就不會去讀「三十歲前你要懂的N件事」、「三十歲前你要擁有的N樣東西」。

當知道談感情時哪裡不足，就不會去看網路文章「好男人要有的N種能力」、「好女人要做的N件事」。

知道谷底，才能開始爬起。

自信並不是站在高處，而是知道自己位在何處。

爬上高峰固然開心，但如果不知道自己腳下是哪一座山，那反而更應該擔心。

位於谷底雖然糟心，但如果身邊有人相伴，知道該往何處爬上，那明天就值得期待。

沒有絕對的自信，但有相對的自知，比起盲目的自信，我們更需要充分的自省。當真正知道自己哪裡不足後，那自信也就油然而升了。

總是與別人比誰厲害，總會有更厲害的人出現。

總是對他人炫耀自我，總會在某一天被打臉嘲弄。

總是看見自己不足的人，才會加緊腳步，低頭趕路。

走著走著，一想起自己的不足，就會只想要努力前行，奔跑向前。一直跑一直跑，從原本的低頭疾走，變成抬頭跨腳的狂奔。跑到聽不見別人的批評，跑到看不見別人的成就，跑到忘記那些焦慮和比較……跑到遇見與自己一樣的夥伴，跑到別人已經追不上我們的腳步。

那奔跑的樣子，就會看起來充滿自信。

Letter

50 在乎的人，會先說對不起

嗨嗨，你會說對不起嗎？

有一次因為煩惱公司的事，回家時心情還是很煩躁。女兒跑來與我分享事情，我揮揮手請她離開。

又過了不久，她再跑來要問事情，我就很凶地對她說她很吵，可不可以讓我安靜一下。

她愣住，然後默默走開，我聽見她和媽媽說話時，好像在哭。

一直到晚上要睡覺時，關上燈，我跑去她床前和她說話：「對不起，爸爸今天心情不好，所以對你太凶了。」

「沒關係。」

「謝謝你原諒爸爸。」

我很常說對不起，不論對女兒還是對夥伴。當我這樣做時，一些人都覺得很驚訝。

因為超過三十歲之後，就很少會聽到別人說對不起了。對於這件事，我覺得才該驚訝吧。

莫非人超過三十歲就不會做錯事了嗎？

還是我們就此開始不為自己做的錯事道歉了呢？

更不用說，道歉並不一定真的是做錯事才要說，很多事不一定我們做錯了，但一定值得道歉，藉此表達我們在意。

對不起是我常說的話，公開與私底下都是，且長愈大愈常說。

與我比較相熟的朋友曾說過：「你是我看過道歉最快的人。」

白露也常這樣說：「你的優點就是很會反省，也不怕道歉。」

當時我覺得奇怪，道歉為什麼要怕？而且道歉為什麼要拖拖拉拉？

我有一本鄧惠文醫師出的繪本，叫《我不想說對不起》，裡面關於對不起，是這樣說的：「說對不起不代表你做錯事了，也不代表你很糟。對不起還有另外一個意思，叫作我很在乎你。」

於是先在乎的人，先道歉。

因為不論對錯，我更在乎我們之間的關係。

因為比起當下的對錯好壞，我更在意我們未來的關係與相處。

因為我當下還想不到更好的解決方式，但我願意學習，所以我先道歉，請給我點時間。

對於自己的廣告、宣傳、促銷或是新品發售，我們都帶著開心與喜悅分享，但可能有另一邊的人不這麼覺得。廣告可能打擾了他們看喜歡的影片，宣傳可能吵到他們正閱讀的文章，促銷可能在他們上禮拜買完後才開始，新品可能在他上個月訂了舊一代後才上市。

所以我們說對不起，儘管可能沒有任何錯，甚至我們做得很對很對，但說聲對不起，給那些在乎我們、我們也在乎的人，接住他們的心情，包容他們的情緒，為他們那一點不舒服，吹一陣涼風。

說對不起，並不是對方就一定要接受，但對方就此多一個選擇，他可以選擇要或不要。給對方多一個選擇，就是我們該做的事。選擇不一定對，但「提供選擇」本身就是對的。

對不起，不是我們真的做錯什麼事才要說，而是表達我們給予的選擇與在乎。廣告行銷上是，人與人相處也是。

對不起的背後，是在乎對方的程度，而這剛好也是我們做行銷時，最欠缺的元素。

我們在乎消費者嗎？還是只把他們當觸及、互動率、轉換率與營業額？

我們在乎粉絲嗎？還是只把他們當荷包、觀看數、訂閱數與追蹤人數？

我們在乎那些意見嗎？還是只把他們當酸民、無知、不懂的人或同業找麻煩？

一天發幾十篇貼文，是真的要告訴粉絲這麼多事，還是只為觸及焦慮？

每個月都有促銷活動，是真的要給予消費者優惠回饋，還是只是找理由拚點營業額？

每一個訂單背後，都是一個真實的人；每一個意見背後，都是一個真實的想法。就算在假帳號充斥的時代，也不可以忽略我們的在乎，要持續地表達。因為那些同樣在乎的人會看到，會感受得到。

在說對不起的語境裡，我們能夠感受到彼此的在乎與珍惜。即使感情再好，也不可忽略這樣的心情。

省略了對不起，應是更多實際作為的行動，而非漫不經心的錯過。

如果無法拿捏，那就先從保持這樣的說法開始吧。每次要做新改變時，都先說聲對不起；每次意識到對方的心情受委屈時，都先開口道歉。

當我們都能理解並珍惜彼此的心意時，那就不會有人的感受被忽視。

每一滴眼淚都能反射月光，也能承載微笑。

每一個笑容都能掛上誠意，也能表達歉意。

那我們又更靠近彼此一點，也更相信對方一些。

謝謝每一位願意說對不起的人。

那都是開啟善意的鑰匙，而我們就是善良本身。

Letter 51 找到核心競爭力，讓自己成為有力人士

嗨嗨，你知道自己核心競爭力嗎？

這問題可以說是商業的靈魂拷問之一，只是比較少被問到。商業的三大靈魂拷問，是願景、理念、競爭力。大多數情況我們都會討論前兩個，每天最煎熬的卻是競爭力。

這三個問題，哪一個比較簡單？我自己認為是願景和理念。對於擅長創作的人來說，要說出幾個好聽的願景和理念不是難事，難在於執行與堅持。而能堅持下去的原因，就是競爭力。我稍微正名一下，是核心競爭力，

避免搞混，我就說「核心力」好了。

找出自己事業乃至於人生的核心力，是很困難的事。

至少，我覺得很困難。

學生時期精力旺盛，記性很好，小學考默背，我總喜歡第一個舉手。得意的其中一個事蹟，老師剛教《木蘭詩》的下一堂課，問有沒有同學要挑戰默背，當時《木蘭詩》大概只教了開頭，後面一堆生難字詞都還沒學。

我早已經知道老師會考默背，所以就先練習了一下，而我是第一個背出來的，大概只錯兩、三個字吧。

中學時期，我能記得班上所有同學的喜好，尤其是喜歡的女生，我連他姐姐的名字叫什麼都記得。

大學時期，當學生會長，有第一次來的社員，當他第二次來時，我就能叫出他的名字，連他自己都意外，因為一次湧入的新人都二、三十位。

我以自己記性好而驕傲，還以為自己是過目不忘，直到我遇到世上真有這樣的人時，我才知道我只是正常不忘。現在初老，都開始忘了。

開始寫作，我初幾篇文章就大獲好評，身邊朋友好喜歡看我寫的東西，也有陌生人讚美過。

第一次爆紅後，我覺得自己好像真的滿會寫的，當時從原本一日二、三十的觀看人數，到一日兩千以上的觀看人數，讓我嘗到寫作的力量。現在回頭看該篇文章，還是有模有樣。

第二次爆紅，我確定我能抓到些什麼，雖無法具體說出，但我已能感受到那個元素的存在，只要我想使用，就可以使出。好像某種初學魔法使，還無法教人，但可以自用。

最知名的一次爆紅，我已經能活用這樣的能力，透過我擅長的表達方式展現，也有了成果和證明。

我曾以為我的核心力是「寫作」，是文字表達。便也以此為業，開展到目前的成果。

後來發覺不是，如果寫作是我的核心力，那我這競爭力也太薄弱、太容易被取代了吧，這也是之前我發展時的盲點和瓶頸。

近一年來，我不斷地思考自己的核心力是什麼？從我得到成果的地方，到我渴望努力的地方，再到市場發展的方向，我對於核心力的理解，發生了變化。

過往我所認為的核心力，是來自於自己與外部比較，所產生較為優秀的能力。

例如比別人好看，我的核心力是「長相」。

我有原物料廠而別人沒有，我的核心力是「廠」。

我料理的東西最好吃，吃過都說讚，我的核心力是「口味」……

當然，如果去搜尋核心競爭力（再完整寫一次，避免誤讀），就會看到這樣的解讀。畢竟競爭，就是要有對象。

但後來我發現，有核心力的品牌與人，最後都不是輸給了競爭對手，可能是輸給了時代趨勢，可能是輸給了內部鬥爭，也可能是老闆腦霧，更可能他們什麼都沒做，只是人們不再對他好奇了。

長得好看的人，明明還是好看，但一年過去，他發的美照，觸及已經砍半再砍半。

說話好笑的人，明明更好笑了，但兩年過去，他的直播實況已經少到無人有興趣。

專利產品效果好的品牌，明明東西還是一樣好用，但五年過去，人們更想去嘗試新的品牌了。

當然反例很多，但反例是因為他們持續突破，我們才看得到。更多是我們已經遺忘不再看、倒掉消失的例子，也正是我們最常忽視的例子。

對核心力的誤解，大多是認為只要加強自己的核心力，贏過所有對手就好了，而這可能就是往失敗的道路上又堆了塊磚。

例如覺得自己的核心力是「價格」，所以不斷想辦法殺低成本。

覺得自己的核心力是「外表」，所以持續以更多照片、更多裸露來得到曝光。

覺得自己的核心力是「批評」，所以講話時愈來愈不負責任，也愈來愈尖銳。

核心力的誤解，來自於我們對於競爭的焦慮，畢竟我們在睡覺時，對手可能在寫文章、研發產品、看線上課、閱讀這本書。

當然，這並非代表核心力是自我感覺良好就好，覺得自己是就是，不用管別人。而是核心力，到底是以什麼為核心？

選擇或判斷自己的核心力，不該是以評價、成果作為核心競爭力，而該是更原生的標準。

例如，不是以「長得好看」為核心力，因為好看是別人看，換個人看可能就不好看。

不是以「好吃」為核心力，因為好吃是別人吃過的評價。

那該以什麼為核心力呢？最重要的條件是，這個核心力是你可以加強、進步、成長、鑽研的部分。

「好看」無法加強到讓別人覺得你更好看，你可能會往錯的方向努力，例如濾鏡愈開愈大，拍照愈修愈多。

但如果認為自己的核心力是皮膚狀態，那可以好好保養自己的肌膚，維持在自認最好的模樣，然後讓別人誇：「真好看，尤其皮膚好棒！」

「好吃」也是無法加強的，不論是更辣、更嗆、更鹹，不知道往哪個方向會更好吃，反而會失了原本味道。

但如果認為核心力是食材新鮮度，那可以好好維持這貨源、保存方式、料理方式等，讓自己的食材總是最新鮮，讓人家說：「這間很好吃，食材都超新鮮！」

其中細節的差別，不只是外部市場的影響，而是自己內心焦慮的平息。如我的核心力是「寫得好」，我怎麼知道自己寫得好呢？是觸及好、人誇好、話題好，還是用字好？

我不知道，我覺得自己只會陷入觸及焦慮、數據煩躁，這的確是我有一段時間在意的事。

後來在寫作領域，我才認清到自己不是寫得好，好的人太多了，客觀上的好、定義上的好，都比我好上太多。

那我在寫作上的核心力，是寫得多、寫得廣，不論是題材、長度，還是時間，我都可以持續深入，然後寫得有趣好懂。讓追蹤我的人，總有新東西看；讓我面對各種主題，總有可以寫的角度；讓我的好，可以有多個標準。

這是核心競爭力，也是我能夠保持的原因。

每隔一段時間，我都會重新思考自己的核心力是什麼。除了寫作領域，每個層面我都會好好想這件事。像是關於爆紅後掌握到的元素，不是寫作領域的核心力，而是在市場上的。

人面臨災難時的行為，是最值得看的地方，因關於災難的發生與解決，通常都沒什麼道理。當然，這是長大、了解更多後才知道。

人的行為，很值得觀察。

當人遇到極限時，會開始拋棄無所謂的東西，像是社會枷鎖、道德感等無形束縛。再來可能是朋友、愛情等人際關係。最後則是自己的思考。

這類的故事會讓我記得自己，要去思考什麼是重要的，什麼是可拋、不可拋的東西。

故事或許是虛構的，但體悟是真實的，這是故事的作用之一。

之前寫書時，採訪了很多位老闆朋友，問他們創業、經營公司的心情和歷程等，除了後來成為書裡的內容之外，大概有八成都是無法被寫出來的細節和委屈。

那些老闆所說的事，隨著時間過去，都成了我耳邊的故事，說起來雲淡風輕，聽起來卻心驚膽顫，也成了我引以為戒的經驗，在我日後與夥伴相處時，能特別注意到細節和眉角。

每當我遇到困難問題時，我會先去找朋友聊聊，然後再看書。

先得到故事，再收成理論，這是故事作用之二。

故事為何值得留在大腦裡，是因故事有著大腦喜歡的元素，是他人的經驗、情緒的刺激，有一定邏輯和因果性方便記憶，還有著最終揭露的樂趣。

這世界總是複雜的，但故事會替我們聚焦。當撇除掉那些不重要的事，提取精彩的元素，重新組合後，就能成為一段讓人記憶的故事。

所以我們要說故事，甚至要有一點刻意地說故事。

當想說一件事時，都試著想：「這能不能成為一個故事？」

當今天要開會時，都先想著：「我可不可以準備個故事？」

當今天要寫篇社群貼文時，除了宣傳訊息，能不能分享個故事給粉絲？

不一定每次都要說故事，但一定要有故事可說。

因為那才是我們努力過的事，是刻在心骨上忘不了的事，不只自己要記得，也該讓別人一起記得。

好的故事，讓別人也感染這份喜悅，給他們一天的歡笑與力量。

壞的故事，讓人警惕、學習，給他們明天過更好的自信和能量。

不論什麼樣的故事，都有傳播的意義，也都有傳承的價值，這是人類能我們之前說過關於主動的事，我學會的是不論如何，我先做了我想做的事，我說早安，起碼我滿足了。至於對方如何，那就交給對方去想吧。

所以今天也要記得和遇到的人打招呼喔，真的是很老套的叮嚀吧。

因為老套，所以值得一提再提。

我很喜歡實體聚會，但聚會都是要花錢的，如果是公司舉辦實體活動更是如此。夥伴曾問我為什麼要做這樣的事，又不賺錢。除了自己喜歡，我的嘗試，一直都是為了未來可能性而做。

做與不做，看起來沒差，但做了，才可能會有差。

以前曾經聽過一個建議，教人如何判斷一場聚會活動該不該去。

這個建議是：「如果你覺得這場活動，你去與不去，都沒有差的話，那就去吧。」

因為不去，就什麼事都不會發生；去了，才可能產生變化。

既然沒差，那就去產生變化吧。

這話對於某種程度上不喜歡社交的我，有了新的判斷依據。

當工作不忙，沒什麼急事要趕的話，那我就會答應一些社交活動。

而每次答應後，我都會慶幸，幸好有來。

因為遇到了好多新的人，給了我新的啟發和視野。

就我所遇過的人而言，很少有人說自己喜歡社交的。儘管如此，世界上還是有那麼多社交活動。

因為，我們都希望替未來創造些改變嘛。

開始做一件事，不需要想得多清楚，不需要偉大的理由。

很多時候，我們看到一個人在一件事上堅持了好久，會好奇為什麼他會願意一直做下去，例如寫作、畫畫、料理、創業，或是研究星辰大海。

我在一部動漫上，發現了一個答案，覺得好喜歡，就是這個了。

「做一件事，一開始可能只是因為好酷、有點快樂、覺得好奇、好玩，根本不會想這件事未來可以帶給人什麼幫助或影響。但就是這樣一點微不足道的理由，讓我們一直做下去，然後開始思考，能不能做得更多、更好，最後才會去想，我們能怎麼幫助到別人。」

開始的理由可能真的很爛，只是因為暗戀的女生喜歡聽音樂，只是因為媽媽隨口一句誇獎畫得真好，只是因為某個同學隨口說你寫得真棒。

開始原因，一直都不太重要。重要的是，一直走下去。

如同讀了這本書一樣，或許只是剛好聽過，但看到這裡，就是收穫。

有一些朋友曾回信給我：「受到啟發，因此也開始寫信／寫作／寫文案了，雖然不知道會寫多久，但覺得寫這件事很有意義。」

這樣就夠了，讓人想寫東西，那就夠了。

這些文字，就有了意義。

微不足道的起點，會燃起一個人從未想過的熱情，也會讓我們看見不一樣的未來。

反正做與不做都沒差，反正理由真的很簡單。

那就堅持地做下去吧。

我們的差別，我們的不簡單，將在一天天堅持的路上綻放。

成為回首時的風景。

此書獻給我的太太，依萍。
你是我人生中閱讀不完的信。
每一封都令我期待。

國家圖書館出版品預行編目（CIP）資料

那些努力的事，就該成為故事：52 封療癒信，寫給還沒下班的你／
林育聖著．-- 初版．-- 臺北市：遠流出版事業股份有限公司，2023.05
面；　公分

ISBN 978-626-361-071-2（平裝）

1.CST：人生哲學　2.CST：生活指導

191.9　　112004538

那些努力的事，就該成為故事

52 封療癒信，寫給還沒下班的你

作者／林育聖

資深編輯／陳嬿守
美術設計／兒日設計
行銷企劃／鍾曼靈
出版一部總編輯暨總監／王明雪

發行人／王榮文
出版發行／遠流出版事業股份有限公司
104005 台北市中山北路一段 11 號 13 樓
電話／(02)2571-0297　傳真／(02)2571-0197　郵撥／0189456-1
著作權顧問／蕭雄淋律師
2023 年 5 月 1 日　初版一刷

定價／新台幣 380 元（缺頁或破損的書，請寄回更換）

ISBN 978-626-361-071-2

遠流博識網 http://www.ylib.com　E-mail: ylib@ylib.com
遠流粉絲團 https://www.facebook.com/ylibfans